O RESUMO DA ÓPERA

O RESUMO DA ÓPERA

ELCIO C. PADOVEZ

COMO **JEAN WILLIAM** CRESCEU E VENCEU PELA MÚSICA

LETRAMENTO

Copyright © 2022 by Editora Letramento

Diretor Editorial | Gustavo Abreu
Diretor Administrativo | Júnior Gaudereto
Diretor Financeiro | Cláudio Macedo
Logística | Vinícius Santiago
Comunicação e Marketing | Giulia Staar
Assistente de Marketing | Carol Pires
Assistente Editorial | Matteos Moreno
Capa | Gustavo Zeferino
Foto da Capa | Rodrigo Casamassa
Diagramação | Luís Otávio Ferreira
Revisão | Sarah Guerra
Fotos do Miolo | Acervo Pessoal, exceto aquelas em que o crédito acompanha a foto.

Todos os direitos reservados. Não é permitida a reprodução desta obra sem aprovação do Grupo Editorial Letramento.

Dados Internacionais de Catalogação na Publicação (CIP) de acordo com ISBD

P124r   Padovez, Elcio C.

O resumo da ópera: como Jean William cresceu e venceu pela música / Elcio C. Padovez. - Belo Horizonte, MG : Letramento, 2022.
176 p. : il. ; 15,5cm x 22,5cm.

Inclui bibliografia e anexo.
ISBN: 978-65-5932-183-4

1. Biografia. 2. Ópera. 3. Música. 4. Cultura brasileira. 5. Histórias de vida. 6. Jean William. I. Título.

2022-1423   CDD 920
                CDU 929

Elaborado por Odilio Hilario Moreira Junior - CRB-8/9949

Índice para catálogo sistemático:
1. Biografia 920
2. Biografia 929

Rua Magnólia, 1086 | Bairro Caiçara
Belo Horizonte, Minas Gerais | CEP 30770-020
Telefone 31 3327-5771

editoraletramento.com.br   •   contato@editoraletramento.com.br   •   editoracasadodireito.com

Negro entoou
Um canto de revolta pelos ares
No Quilombo dos Palmares
Onde se refugiou
Fora a luta dos Inconfidentes
Pela quebra das correntes
Nada adiantou

MAURO DUARTE / PAULO PINHEIRO

À minha família, que me
inspira a voar mais alto.

Ao meu namorado, Henrique,
por toda parceria.

Aos meus amigos, que
estão sempre ao meu lado,
torcendo por mim.

Ao Luiz Rios (*In Memorian*), o primeiro
a me apresentar os clássicos ainda
no tempo das fitas cassetes.

Ao Maestro Martinho Lutero
Gallatti (*In Memorian*) por ter
vivido intensamente a missão
de cantar a música de todos
os tempos, de todos os povos
e de todos os lugares, até os
últimos dias de sua vida.

Ao jornalista Gilberto Dimenstein
(*In Memorian*) por fazer do jornalismo
missão de vida e pelas conversas
inspiradoras que tivemos durante
a produção deste livro.

E em especial, à música, por
ter me juntado ao Jean William
não só neste livro, mas para
a vida. Muito obrigado.

11   **PREFÁCIO**

15   **ACORDA, VEM VER A LUA**

21   **PRIMEIRO ATO**

23   1   CANTA, MAR DE CANA

31   2   O VIZINHO DE CARUSO

43   3   A SETE PALMOS TE OUVI

63   4   A ESTRELINHA E O MAESTRO

71   **SEGUNDO ATO**

73   5   CANTARE PER NON MORIRE

92   6   SOBRE SER ARTISTA NO BRASIL

103   7   A REALEZA PÕE A MESA

111   8   O HINO, O ÓDIO E OS MEDOS

121	O BIS
133	NOTAS
137	ANEXOS
155	AGRADECIMENTOS
159	ÁRVORE GENEALÓGICA
163	REFERÊNCIAS
168	FOTOS

PREFÁCIO

ARTISTA E HOMEM
DE VERDADE

A memória mais antiga que eu tenho do Jean é ele em casa, com um tecladinho e cantando para o meu pai, uma pessoa que conhecia muitas coisas, tinha uma sabedoria muito dele e dizia: "Esse menino vai muito longe, ele é muito bom". Para mim, era só um amigo que cantava e eu não tinha essa visão, não sabia se ele iria longe ou não. Eu nem parava para pensar sobre isso.

O que me vem à mente depois é a questão do João Carlos Martins. E como é que isso surgiu? Um dia me liga a dona Júlia e fala: "Eu queria que o maestro, que tem um trabalho na orquestra, ouvisse Jean". Mas não gosto de ficar pedindo as coisas para as pessoas e pensei: Meu Deus, como é que eu vou ligar para ele e pedir isso? Esqueci dessa história e ela ficou parada. Só que ele é uma pessoa tão iluminada que alguns dias depois, o próprio João Carlos me ligou para passar uma informação e me lembrei de falar. Disse: Maestro, tenho algo a dizer, mas estou até sem graça. Tem um cantor que a sogra da minha irmã ajuda muito e ela pediu que você o ouvisse.

Ele me disse: "Manda, mas já vou te avisar: 99,9% das pessoas que vem aqui não têm talento. Elas gostam e amam o que fazem, mas não vão dar para aquilo. E eu falo mesmo para a pessoa cantar para os amigos, fazer um bico em bar, restaurante, só não vai conseguir viver de música". Disse que era grata por ele recebê-lo e que poderia falar o que quisesse. "Vou receber, mas não vai dar em nada", me avisou. Esqueci do assunto e quando chegou o dia de o Jean ir lá, o maestro me ligou para contar que ele era um dos maiores talentos que já tinha visto e que no dia seguinte, se apresentariam no Clube Pinheiros. Jean não tinha nem roupa para isso e precisou ir correndo comprar uma camisa preta. A partir daí, eles rodaram o Brasil e o mundo.

Tivemos muitos momentos legais e com a música no meio. Meu marido, José Salazar, toca e estuda violão desde os oito anos e sempre fala para mim: "Jean é de verdade e é verdadeiramente um artista". Ele não é uma pessoa que teve uma sorte, como a gente conhece milhares que explodiram, seja por empatia do público, seja por um sucesso. Tem carisma, voz, estuda, conhece música, toca instrumentos. Ele não é uma pessoa de sorte e sim, um talento lapidado.

Para mim, ele é um grande exemplo de como o cuidar é importante, para que se possa ir para frente e desenvolver talentos. Infelizmente, a maioria não tem este chão para pisar e conseguir andar. Quando você coloca as cotas raciais nas universidades, veja quantos talentos surgem. Eu e Jean temos uma amiga, Beatriz Jordão, que sempre dá o exemplo da USP. Enquanto você só pesca em São Paulo, aparece um tipo de talento. E quando você espalha isso para o Brasil, você passa a pescar num Oceano Atlântico, com chances de fisgar muito mais talentos em diferentes áreas. O cuidar transforma. Tem uma analogia que é interessante de que para alguns, a escada é rolante e para cima. Para outros, é preciso subir com a escada te empurrando para baixo. É preciso preparar a escada para que as pessoas possam ir e se desenvolver.

O próprio Jean reconhece que, sozinho, não teria alcançado o que fez até agora. Ele teve mãos que o ajudaram, como todo mundo teve e tem em algum momento da vida. E ele consegue mostrar o seguinte: o país tinha que ter me dado isso, não essas pessoas, individualmente. Todos deveriam ter oportunidades.

Ele é inspirador porque é um bom ser-humano, amigo, filho e profissional.

MÔNICA BERGAMO

ACORDA, VEM VER A LUA

23 de dezembro de 2019. Uma chuva insistente cobre a noite escura em Barrinha. A cidade no Nordeste Paulista, com cerca de 28.500 habitantes, se prepara para o Natal Iluminado, evento organizado pela prefeitura e pela Associação Comercial e Industrial de Barrinha (ACIB). Na praça, o movimento ainda é baixo e há mais presentes para sortear do que pessoas para os receber. Quando a água para e o locutor anuncia o início da festa, as cadeiras de plástico organizadas sob uma tenda de ferro começam a ganhar vida. Em poucos minutos, cerca de 200 espectadores aguardam não só o sorteio, mas a apresentação da pessoa mais conhecida nascida por lá: Jean William Silva.

Barrinha é uma cidade simples, de 68 anos de fundação e que deve boa parte de sua economia ao cinturão de cana-de-açúcar que a envolve. Muitos dos rostos da plateia que aguardam Jean cantar dependem do movimento sucroalcooleiro. Nela, há crianças com olhar curioso, idosos, familiares, amigos e todo tipo de gente que vive e convive com o cantor desde que ele nasceu, há 36 anos, na Santa Casa de Misericórdia de Sertãozinho.

Jean William é filho daquela terra em que a cana é próspera e gerou cidades com altos índices de desenvolvimento humano, como Sertãozinho e Ribeirão Preto. Uma vez por ano, pelo menos, ele faz uma viagem sentimental às suas raízes para produzir uma cena no mínimo curiosa. Na Praça Matriz de Barrinha, onde não seria estranho ouvir música sertaneja, toca-se música clássica na véspera de Natal. No palco, Jean, acompanhado da mezzo soprano Cristina Angelotti e da contralto Fábia Tolvo, além do maestro Wesley Barreto e de três estudantes de música da Universidade de São Paulo (USP) começa a apresentação com a *Ave Maria* de Gounod[1], passa por canções natalinas e encerra o show, que marca os dez anos de carreira profissional, com *New York, New York*, de Fred Ebb e John Kander.

Além daquele palco em frente à Igreja da Praça da Matriz, onde ele se apresentou pela primeira vez ao público, aos oito anos, Jean William também já pisou em templos da música, como o Theatro Municipal, em São Paulo; o Lincoln Center, em Nova Iorque e a Ópera de Monte Carlo, em Mônaco. Também foi ouvido, bem de pertinho, por gente como o papa Francisco; Albert II, o príncipe de Mônaco; o maestro João Carlos Martins, figura decisiva na trajetória do menino de Barrinha; além dos ex-presidentes do Brasil Fernando Henrique Cardoso; Luiz Inácio Lula da Silva; Dilma Vana Roussef e o atual, Jair Messias Bolsonaro.

Jean William foi homenageado, em 2012, pela prefeitura de sua cidade natal com um anfiteatro que leva seu nome, algo raro para um artista vivo, especialmente em um pequeno centro. Ele também enfrentou a depressão, o medo de falhar e a vida sofrida de um artista em um país de misérias.

Desde menino, o neto de Joaquim, ex-boia-fria que sonhava em ser músico profissional, fez da resistência sua maior melodia. Jean enfrentou e enfrenta todo tipo de barreira que se apresenta pelo caminho. Além da pele preta e da estatura baixa (163 cm), ao contrário da imagem pregada pela tradição da música clássica vinda da Europa – pele branca, músicos altos e de criação refinada – Jean é homossexual e não nasceu em berço de ouro.

Este livro está dividido em dois atos (capítulos um a quatro e capítulos cinco a oito) além do bis, e propõe, por meio de pesquisa e depoimentos, reconstituir as histórias da vida, pessoal e profissional, de Jean William, e mostrar as diversas faces desse artista da voz e que segundo ele, "canta pelo gosto e pelo sabor que ele tem". O conheci em 2013, e desde então, passei a acompanhar a carreira do cantor que, de vez em quando, assistia tomar café da manhã no programa da Ana Maria Braga ou cantar com a Laura Pausini no Altas Horas. Entre 2015 e 2016, trabalhei como assessor de imprensa dele e desde então, penso em um dia escrever sobre sua história. Esse momento chegou.

Depois de se apresentar no evento da praça de Barrinha, Jean pegou o carro e parou no Bar do Abacaxi, um dos locais onde mais se apresentou na adolescência. O espaço também é o favorito da banda Tessa na cidade. Fundada em 1994, tornou-se dez anos depois o lar musical de Rodrigo Martins, amigo de escola de Jean. Foi dele a ideia, falando com o parceiro de coral na igreja e apresentações escolares, de fazer o evento de fim de ano, iniciado em 2014. O show festivo deu certo, tanto que não há uma só mesa vaga e os garçons trabalham a todo vapor para atender ao público. É noite da nostalgia e de cantar até altas horas clássicos do Rock e da Música Popular Brasileira (MPB). São paixões que ele e o amigo guitarrista e vocalista carregam.

Hora de subir a cortina…

PRIMEIRO ATO

1
CANTA, MAR DE CANA

A gente nunca pode se esquecer do lugar de onde veio,
porque é de lá que se aprende a olhar o céu.

JEAN WILLIAM

Os primeiros acordes musicais da família Silva vêm muito antes do nascimento de Jean William, em 20 de novembro de 1985. Seu avô, Joaquim Apolinário da Silva, foi quem começou a história. Nascido em Monte Belo, no sul de Minas Gerais, em primeiro de setembro de 1934, Joaquim teve um sonho nunca concretizado: ser músico profissional. O problema é que a vida na casa de José Apolinário e Maria do Rosário, seus pais, era dura e não combinava com a leveza que a música pode trazer. Era buscar trabalho e sobreviver.

Em 1947, a família de Joaquim resolveu juntar as coisas e percorrer 170 km até o interior de São Paulo. Queriam chegar à cidade de Santa Rosa do Viterbo, sede da Fazenda Amália, que nessa época, pertencia a Francisco Matarazzo Júnior (1900-1977). O filho do conde italiano Francisco Matarazzo (1854-1937) tomou posse dos 11 mil alqueires em 1931, após a compra das partes de outros sócios do velho Matarazzo: o fazendeiro Francisco Schmidt (1850-1924) e o comendador Alessandro Vicenzo Siciliano (1860-1923). Os três adquiriram a propriedade da Família Santos Dumont, em 1919, após a morte de Henrique Santos Dumont, aos 62 anos. Ele era irmão do aviador e inventor Alberto Santos Dumont (1873-1932).

A viúva de Henrique, Amália Ferreira de Camargo (1871-1953), decidiu pela venda da fazenda onde, da segunda metade do século XIX e início do XX, quem mandava era o café. Já no fim da década de 1920, a nova ordem era investir em cana-de-açúcar. Após a quebra da Bolsa de Nova Iorque, em 1929, que foi decisiva para arrebentar a monocultura cafeeira no Brasil, a cana transformou-se rapidamente no "novo ouro" dos paulistas.

Os Matarazzo, com sua visão agressiva no mundo dos negócios, chegaram a possuir o maior conglomerado industrial da América Latina (350 negócios diferentes) e em pouco tempo fizeram da Amália um dos polos sucroalcooleiros no Brasil, passando a atrair uma grande mão de obra, composta majoritariamente de trabalhadores rurais vindos dos estados de São Paulo e Minas Gerais. Apesar de viverem na mesma propriedade, Joaquim e Iracy, avó de Jean, levaram 13 anos para se conhecer. A filha de Antônio Silvano de Araújo e Clotildes de Souza Camargo nasceu na Amália em 05 de janeiro de 1939 e foi criada em meio aquele universo. Quando pôs os olhos em Joaquim, ela estava com 21 anos e ele, com 26.

Nem chegaram a namorar, pois os pais tinham pressa na união. Joaquim e Iracy aproveitaram uma excursão para Aparecida do Norte e lá mesmo, em 8 de dezembro de 1960, viraram marido e mulher. Na sequência, tiveram os quatro primeiros filhos, todos nascidos na Fazenda Amália: Neide Aparecida, Maria Madalena, Adenilson e Ademir, já falecido.

O casal chegou a pegar fase "áurea" da fazenda, descrita pela socióloga Maria Aparecida de Moraes Silva, autora da pesquisa *Mulheres da cana: memórias* (Unesp), como sendo o período entre os anos 1930 e o fim da década de 1950, momento em que os trabalhadores eram contratados como colonos, podiam viver em casas e cultivar plantações para consumo próprio. Silva ainda conta que a Amália se estruturou como uma típica casa grande dos tempos da escravidão no Brasil. A casa grande "tinha cinema, campo de futebol, igreja, escola, hospital. Organizava as melhores festas, casamentos e bailes de carnaval. E abrigava um palacete que nenhuma outra fazenda tinha – e quase ninguém via. Era uma cidade dentro da cidade" (SILVA, 1999, p. 35). Iracy se recorda que ela e as colegas, quando conseguiam ver, mesmo de longe, a filha de Matarazzo Filho, Maria Pia, tentavam reproduzir os belos vestidos que ela exibia e recorriam a cortes de chita para confeccionar os modelos, que eram importados da Europa ou assinados por grandes modistas da capital do estado.

Já nas áreas destinadas aos cortadores de cana, que chegaram a ser 5.000 dentro da Amália, as casas eram feitas de alvenaria ou madeira, não havia esgoto e eletricidade para todos. As condições de trabalho, tão cruéis, eram análogas à escravidão: os contratos eram feitos por titularidade e com isso, a administração da fazenda podia fazer uso da força de trabalho de toda a família, crianças incluídas, mas apenas o pai recebia o ordenado após o corte da cana, que geralmente era quase nada, pois o pagamento consistia em vales que deveriam ser utilizados dentro de estabelecimentos da propriedade, como mercadinhos e farmácias, obviamente tudo parte da engrenagem administrativa da família Matarazzo.

Contrair dívidas com o patrão também era algo corriqueiro, uma vez que os produtos eram vendidos a preços inflacionados e não havia concorrência. Com isso, a servidão por dívida estava instituída. Parece algo dos tempos da Idade Média, mas esse modelo de trabalho era prática frequente no interior do Brasil do século XX. Joaquim e Iracy não chegaram a viver a segunda fase daquelas terras sob a gestão Matarazzo que, segundo aponta Maria Aparecida (1999), tem início nos anos 1960.

A partir de 1963, é criado o Estatuto do Trabalhador Rural, que proíbe os contratos por titularidade e determina que os trabalhadores do campo passem a receber benefícios como férias, 13º salário, carteira assinada, entre outros direitos. Assim, a direção da fazenda passou a criar mecanismos como deixar de oferecer moradia, para se livrar dos colonos que possuíam contrato de titularidade e passar a contar com trabalhadores agora sob um contrato temporário para o corte da cana. Estava formada uma legião de boias-frias, sendo, alguns deles, ex-colonos: suas condições de trabalho e de vida eram precárias, mas se espalharam pelo imenso mar de cana que estava em formação no Norte e Noroeste Paulista.

Joaquim, seus pais, Iracy e os primeiros dos quatro filhos deixaram Santa Rosa do Viterbo e as terras dos Matarazzo em 1969, pois arranjar serviço por lá estava cada vez mais difícil. 110 km adiante e mais ao norte do estado de São Paulo, encontraram Barrinha, mas a vida dentro dos canaviais estava longe de terminar para os Silva.

A VIDA NA BARRINHA

Na nova cidade, Joaquim logo conseguiu um emprego para cortar cana na Usina São Martinho, e lá seguiu por 35 anos, até se aposentar, em 2004, quando Jean tinha 19 anos. Iracy, que cortou cana uma vez na vida e não gostou, passou a trabalhar como empregada doméstica em lares mais abastados de Barrinha. "Eu trabalhei muito na roça, mas o dia que meu pai me levou para cortar cana na Amália, respondi: pai, faço qualquer coisa, mas isso não quero". Ela ainda trabalhou na indústria de amendoim, soja e de cana da cidade e, por 10 anos, como auxiliar de serviços gerais no Hospital Municipal, localizado ao lado da casa que eles ocupam desde 1959, na Rua Carlos Bombonato. Este foi o último emprego na carteira de trabalho de Iracy, que aos 60 anos, se aposentou e passou a cuidar exclusivamente da casa e da família.

Os Silva tiveram mais uma filha, batizada de Ivanil. Ela mora em uma edícula construída no fundo da casa dos pais, junto de um enteado e seis cachorros. Com o tempo, a família aumentou com a chegada de nove netos e um bisneto.

Joaquim viveu dentro da cana por 57 anos por questão de sobrevivência, mas usufruiu bem pouco da riqueza que ela tem produzido. Não é preciso andar muito pela região de Ribeirão Preto, a "Califórnia Brasileira" para ver as estradas duplicadas e de qualidade, os carros de marcas estrangeiras, as casas luxuosas de Sertãozinho e até mesmo, um museu dedicado à cultura da cana-de-açúcar, criado em 2005 na área que abrigou o Engenho Central, construído pela Família Biagi no início do século XX.

O tesouro do mineiro que fala baixinho sempre foi a música. Desde criança, ele ouve o gênero caipira, seu favorito, e sozinho, aprendeu a tocar violão, violino e acordeão. A esposa, Iracy, também é fã de estilo musical, mas só como ouvinte. "Não sei tocar nada, mas quando o Joaquim toca, gosto de acompanhar na cantoria e relembrar as modas do que a gente já passou e viveu".

DEAN WILLIAM?

Joaquim andava preocupado com um namorico da filha Madalena. A moça, que na época tinha 19 anos e trabalhava como empregada doméstica na sede da Fazenda São Martinho, se apaixonou por Valdecir Domiciano, o Ci. O problema é que o pai de Lena, como ela é chamada pela família, não via futuro na relação e dizia sempre: "esse rapaz não gosta de trabalhar, isso não é certo". Nem mesmo a boa relação com Antônio Domiciano, o Carioca, pai de Valdecir, aliviava a opinião dele. Os dois foram por muitos anos compadres de música em Barrinha e sempre que podiam, tocavam juntos.

Além de se encontrar às escondidas com o namorado, Madalena também se dedicava a cuidar de um menino chamado Dean William. Ela se lembra de ele ser um menino muito inteligente e aquele nome com sotaque estrangeiro lhe chamava a atenção. "Disse um dia para mim: No dia em que eu tiver um filho, quero que ele se chame Dean William. E eu fiquei com isso na cabeça", conta. E não demorou muito para que ela tivesse o primeiro de seus quatro filhos.

Uma noite, foi para uma festa e não voltou para a casa de Joaquim e Iracy. Fugiu para a casa dos pais de Valdecir e por lá ficou um mês. Seu Joaquim, de criação católica e católico apostólico romano praticante, assim como a esposa, estavam desgostosos com a situação. Pois ele resolveu buscar a filha na casa do Carioca e a fez casar de papel passado, vestido de noiva e na igreja. Não teve conversa. Madalena e Valdecir se casaram e após um mês, ela engravidou e ficou sem chão. A pouca instrução, a criação conservadora e as condições difíceis de vida fizeram com que ela, no desespero, chegasse a considerar tomar remédios para abortar, mas a sogra, Benedita, evangélica fervorosa, não aceitou e a fez completar a gestação, que durou de janeiro a novembro de 1985.

Maria Madalena e Valdecir ficaram casados não mais do que por três meses. A esposa começou a ter problema de encontrar comida em casa. A primeira obrigação do dia era preparar a marmita para o marido, que até acordava cedo, saía de casa em direção ao trabalho, mas tão logo sumia de vista, se escondia na casa de amigos. O patrão de Valdecir chegou a visitar a família para avisar da ausência do funcionário e explicar a falta de pagamento dele. Como Barrinha é um ovo, logo os pais de Madalena se inteiraram da situação, e Joaquim, bravo, pegou uma carreta, juntou os pertences da filha e ela finalizou a gestação de Jean na casa dos pais.

Tirando os problemas conjugais, o resto corria bem e a previsão era de que Jean nasceria em 27 de novembro de 1985, o primeiro ano de reabertura política do Brasil, após 21 anos de ditadura militar. A novela de sucesso da época era *Roque Santeiro*, e a trama de Dias Gomes (1922-1999) também era acompanhada no lar dos Silva. Porém, ao entrar no nono mês de gestação, Madalena passou a conviver com inchaços e pressão alta. No dia 20 de novembro, ela foi encaminhada para a Santa Casa de Misericórdia, em Sertãozinho, onde fez exames e o corpo médico de plantão decidiu por mantê-la até o nascimento do bebê.

Assim, às 18h20 do dia do nascimento, a vida de Jean William Silva ganhou a primeira história de coincidências e encontros marcados, como um típico roteiro de novela. Maria Madalena mal reparou no obstetra de bigode farto que entrou na sala de parto e após uma cesariana, retirou o bebê de seu ventre. Ela só foi ver o rosto de Pedro Thomé Francisco dos Reis no dia seguinte e Pedro não tem memória de nada diferente daquele plantão. "Foi um dia normal na Santa Casa. Ele não teve dificuldades para nascer, mas berrou muito e chamou a atenção até das recepcionistas do prédio. Talvez fosse um indício do que o aguardava".

Pedro ainda conta que quando corre tudo bem no parto, o médico tem o costume de colocar a criança no colo da mãe ou nos nossos braços e dizer: "seja feliz neste mundo que você está chegando e que Deus te abençoe". O bebê nasceu com 2.720kg, 48cm e após três dias, recebeu alta para ir com a mãe para Barrinha.

Mal sabia o obstetra que aquele seria apenas o primeiro de muitos encontros com Jean William. E que, 15 anos depois de ter feito o parto, ele se tornaria seu pai afetivo. Mas e a história do Dean William, como ficou?

Assim que se recuperou do parto, Madalena retornou a Sertãozinho para registrar o filho. Tinha ideia fixa no nome, mas ao contar o desejo ao cartorário, ele foi taxativo: este nome não! Apesar de explicar que ela conhecia gente com o nome gringo, nada feito. Em contraproposta, o profissional sugeriu a troca do *D* de Dean pelo *J* de Jean. Madalena aceitou a mudança e hoje, ela avalia que foi melhor assim.

VÓ, ESSE TRENZINHO NÃO ENSINA MÚSICA

Jean William cresceu e viveu na casa dos avós até os 15 anos. Teve e continua tendo quase nenhum contato com a família do pai, que chegou a tentar uma aproximação quando ele nasceu, como lembra Madalena. "Eles apareceram algumas vezes nos meus pais, queriam levá-lo para passear. Eu deixava, mas com o coração na mão. Valdecir não me dava pensão, e a mãe dele chegou a ajudar financeiramente por alguns meses. Eu necessitava desta ajuda e entrei com um pedido na Justiça para buscar meus direitos. Uma vez, passei em frente à casa da Benedita e ela estava chorando, dizendo que a polícia tinha levado o Ci. Meu pai, ao saber do episódio, pediu que eu retirasse a queixa e esquecesse o pedido de pensão". Para Joaquim, onde come um, comem dois, três.

Joaquim esperava é que Lena voltasse a se entender com o pai de Jean. Eles tiveram uma recaída e ela engravidou de novo, desta vez, de Gisele. Valdecir dizia que não era o pai e só assumiu a nova filha, que segundo Madalena é a cara dele, por meio de um exame de DNA. Eles passaram a viver juntos de novo e se mudaram para Matão, a 60 km de Barrinha. Enquanto a mãe ia e voltava no relacionamento, Jean William seguiu com os avós e num ambiente de amor, passou a ser embalado pela música.

Sentado numa cadeira do alpendre, lembra bem a primeira canção que ensinou para o neto, quando ele tinha cinco anos de idade: *Parabéns a você.*[2] "Arranjei um piano pequeno e enquanto o Jean não aprendeu a cantar e tocar esta música, não sossegou. Na sequência, tentou aprender cavaquinho, mas não gostou. Quando fez cinco anos, a vó comprou um trenzinho de presente. Só que ele não gostou e disse: vó, isso daqui não ensina a tocar. Brincou poucas vezes com ele e só se interessava por música".

Nas memórias de Iracy, o neto era uma criança caseira, que saía pouco de casa e que respirava música. "Dizia: vá brincar com as crianças na rua, mas Jean não ia e dizia que queria estudar. Ele sempre teve um livro nas mãos". Nesta época, ela ainda trabalhava fora e Jean William ajudava na limpeza da casa para aliviar a rotina puxada dos avós. Mas não pense que a vida dele era estudar e faxinar. Nos fundos da casa, mais especificadamente em uma mangueira que dava acesso ao telhado, ele encontrou seu primeiro palco. "Jean gostava de subir lá para cantar. Às vezes, eu estava voltando do serviço com uma vizinha, Regina, e ela apontava: olha Jean lá na árvore ou na laje cantando. Eu gritava: desce daí, menino. E ele: não vou, vó. Me deixa cantar. A Regina ria e me aconselhava: Se ele quer cantar, entregue nas mãos de Deus. Quem canta seus males espanta".

A laje do banheiro logo ficou pequena para o talento dele e os avós passaram a estimular que o neto integrasse o coral da Igreja Católica de Barrinha, além de participar de atividades culturais nas escolas que frequentou. Na cidade natal, Jean completou o Ensino Fundamental. Fez do Pré à 3ª série na Escola Municipal José Luiz de Siqueira, a 4ª na Escola Municipal Luiz Macari e após um ano, retornou à José Luiz, onde ficou até a 8ª série e passou a incrementar os conhecimentos musicais e artísticos.

Enquanto crescia, Jean viu a mãe mais uma vez voltar e sair da casa dos pais por conta de um relacionamento. A história com Valdecir havia terminado e Madalena aproveitava a juventude com amigos na varanda da casa de Joaquim e Iracy, que na época era de chão batido e um arame fazia o papel de portão. Entre os amigos de Madalena, que entravam e saíam da casa dessa família que sempre gostou de festa, estava Wilson, que jogava bola com Denílson e Ademir, irmãos dela. Ele estava apaixonado por uma moça e Madalena tentou fazer as vezes de cupido, mas deu a flechada nela mesma e se apaixonou. A amizade evoluiu para namoro, casamento e a terceira gravidez de Lena, após mais uma vez sair para uma festa contra a vontade do pai.

Madalena e Wilson seguem casados e tiveram dois filhos, Bruno e Bianca, além de quatro netos.

2
O VIZINHO DE CARUSO

Eu sofro tanto nesta vida. Isso é o que o
público sente quando eu canto. É por isso
que eles choram. Pessoas que não sentiram
nada nesta vida não podem cantar.

ENRICO CARUSO

O sonho de criança de Jean William era ser padre. Não é por menos. A criação dèle foi toda nos princípios da Igreja Católica e sua primeira apresentação pública, aos oito anos, foi dentro da Igreja Matriz de Barrinha. A irmã dele, Gisele, disse à professora Maria Angélica, que organizava a encenação do presépio, que o irmão mais velho sabia cantar *Então é Natal,* composição de John Lennon e Yoko Ono chamada *Happy Xmas (War is Over)*, e que, nacionalmente, tornou-se um hino natalino na voz da cantora Simone. O sertanejo Daniel também fez sucesso com ela, além de outros artistas, famosos ou não. Mesmo envergonhado, o menino soltou a voz com o refrão "então é Natal/ e o que você fez/ O ano termina e começa outra vez" e fez o povo da cidade se emocionar pela primeira vez com seu trovão vocal.

Uma das pessoas que foi às lagrimas era a professora de música Selma Cordeiro, que abraçava e agradecia Jean por aquele momento. Mesmo criança, passou a se perguntar o que fazia para que as pessoas ficassem naquele estado. Para ele, que cresceu com tantos espinhos, a música era uma forma de se tornar visível e lutar contra a baixa estima, que vira e mexe o provocou e o confrontou.

Quem também passou a gostar da presença constante de Jean na igreja foi o frei Hermínio, que sempre pedia que ele cantasse. Na escola, não era muito diferente e nas apresentações culturais, havia uma atração certa. Desde criança, a aura de artista passou a ser construída ao redor do menino de Barrinha. Era o caminho natural soltar a voz e não vestir uma batina. Apesar do talento de adulto, que ainda seria lapidado por aulas de canto e na faculdade, Jean vivia como uma criança comum de cidade do interior. "Se eu precisasse resumir minha infância em uma palavra, ela seria liberdade. Brinquei muito na rua e morei em uma casa com quintal grande. Andava de patins, mexia com os gatos da minha vó. Subia na mangueira e no telhado para cantar. Sempre gostei de estar no alto", relembra.

Dentro de casa, as mudanças eram constantes e desde pequeno, Jean conviveu com as idas e vindas da mãe. Primeiro, ela retornou, separada de Valdecir, e como estava grávida de Gisele, a reorganização das camas mudou. Joaquim e Iracy cederam a de casal para Madalena terminar a gestação e passaram a dormir em camas separadas. Aos oito anos, em 1993, ele viu a mãe sair de casa para se casar com Wilson, que foi buscá-la em um Fusca de cor azul. Para o cantor, aquela foi a primeira vez na qual perdeu a inocência de criança.

Enquanto Lena fazia as malas, o menino de olhos grandes não entendia o movimento e só foi descobrir do que se tratava quando, na hora de se despedir, sua mãe perguntou: "Você quer ir comigo?". Naquele momento, Jean percebeu que precisaria ser responsável pela própria vida e que não poderia esperar nada de ninguém. "Disse: Não, quero ficar. Lembro da vó me segurar pelo braço e reforçar a decisão. Dizia que era o companheiro de igreja dela e ela que me acolheu", conta. E assim foi decidido. Junto com os avós, moravam na casa o tio Ademir, que sofria dos males do alcoolismo e de crises de ciúmes quando não tinha atenção e tia Ivanil que, segundo Jean, era muito aventureira e teve um monte de namorados.

A partida de Maria Madalena causou sofrimentos em Jean William. Primeiro, por ela, magoada com as atitudes de Valdecir, não ter permitido que os outros filhos que o pai teve após a separação convivessem com ele. Segundo, porque quando começou a gostar da presença do avô paterno, que visitava Joaquim para tocarem e levava bala Chita e doces para o neto, o veneno do dinheiro entrou em ação. "Com o tempo e eu mais crescido, passaram a colocar na minha cabeça de que o Carioca devia me dar dinheiro, ajudar na minha criação. Isso doía".

O MELHOR AMIGO PARTIU

Nas aventuras depois da escola, Jean William sempre reunia uma turma para brincar. Não podia faltar o primo Elton, sua referência masculina, a irmã Gisele e seu melhor amigo de infância e adolescência: Thiago. Um tinha cabelo preto e o outro, loiro. Um era mais calado e o outro, a criança rebelde, que gosta de bagunça. Mas os dois se entendiam muito bem, viraram cúmplices das pedras jogadas nas casas dos vizinhos e dos pombos mortos, além das muitas brincadeiras no corredor externo do consultório médico em que a mãe de Tiago trabalhava. Só que a diversão precisava ser escondida, para não dar problemas.

Jean recorda que o amigo era filho único e tinha pais violentos, mas que materialmente, sempre lhe davam coisas boas e ele almejava o que Tiago tinha. "Essa coisa de querer conquistar coisas materiais na vida tem a ver com ele. Minha vontade era suprir o menino que eu queria ser através dele". Quando o filho de Madalena entrou na faculdade, em 2004, e já passava mais tempo entre Sertãozinho e Ribeirão Preto, soube que o grande amigo da infância e adolescência havia sido assassinado, após se envolver com a marginalidade. Para ele, foi como se uma parte da história com Barrinha tivesse ido embora.

CONSOLATO D'ITALIA

Os 26 escritórios da República da Itália no Brasil, divididos entre uma embaixada e o restante sendo de consulados e vice-consulados honorários encontram-se bem distantes de Barrinha. Mas a cidade que a família Silva escolheu para viver curiosamente possuí muitos fãs da música produzida no país da bota. Tal gosto influenciou bastante no início da formação musical de Jean William e uma das responsáveis por isso foi sua ex-vizinha, Célia Terezinha Silvério.

A década de 1990, que marcou a infância de Jean, também foi um momento importante de renascimento da música italiana dentro do cenário mundial. O início dele se deu com os 3 Tenores, grupo formado pelo tenor italiano Luciano Pavarotti (1935-2007), e os espanhóis Plácido Domingo e José Carreras. Antes restritos a um ambiente cultural mais fechado, os três homens de voz potente passaram a fazer concertos para grandes públicos em eventos como a Copa do Mundo (1990,1994,1998 e 2002), além de gravar CDs misturando elementos clássicos e modernos. Outro bom exemplo desse diálogo musical da época foi o compacto *Barcelona,* gravado em 1988 pelo cantor britânico Fred Mercury (1946-1991) com a soprano espanhola Monserrat Caballé (1933-2018) e cuja faixa principal acabou eleita como hino dos Jogos Olímpicos de 1992.

Fora o trio, que se apresentou até o ano de 2003, a Itália viu surgir nomes que se tornaram rapidamente figuras pop, como Eros Ramazotti, Andrea Bocelli, Laura Pausini e Tiziano Ferro, entre outros. Apesar da roupagem de música para grandes públicos, é possível identificar influências das raízes clássicas italianas, com acordes de filosofia. Atualmente, há outros grupos que se dedicam a esta mistura do erudito com o popular como o quarteto Il Divo, formado por músicos de algumas partes do mundo.

Jean cresceu impactado pelos sons de um idioma ainda estranho que vinha do muro ao lado. Como frequentava a casa dos pais de Célia, Artur e Maria Silvério, foi se tornando cada vez mais íntimo da língua italiana e passou a ouvir um pouco de tudo que vinha de lá. No aparelho de som da vizinha, havia espaço para os italianos Enrico Caruso[3], Rita Pavone, Peppino di Capri e a brasileira Zizi Possi, que muito tem cantado nessa língua ao longo de sua vasta trajetória musical. Essas influências produziram histórias curiosas em Barrinha, que pouco a pouco, tornaram-se familiares a quem conviveu com aquele diamante ainda bruto.

Um belo dia, a ex-funcionária da Escola Luiz Siqueira, Maria Aparecida Pegrucci, não acreditou no som que chegava à secretaria e que era produzido no pátio durante um evento cultural. Incrédula, ouvia, num italiano fluente, alguém cantar *Roberta/ ascoltami. Ritorna ancor/ ti prego (Roberta, me escute. Retorne logo, te peço).* A surpresa foi tão grande que ela saiu de lá e foi ver o que se passava com os próprios olhos. "Pensei comigo: O que é isso? Era uma voz afinadíssima e o italiano que saía não era rocambolesco, aquele que você percebe que a pessoa inventa as palavras. Fiquei embasbacada com a cena: minha ex-professora de Artes, Regina, tocando teclado, e Jean cantando".

Maria ficou ainda mais espantada ao perceber que o menino à sua frente era o mesmo que ela via sempre na casa de Célia, sua melhor amiga dos tempos de escola. Ela não imaginava tanto talento armazenado naquela criança que arregalava os olhos quando ligavam o aparelho de som.

Jean William também ficou amigo da irmã de Célia, Fátima, que gostava daquela voz que ouvia quando ia visitar os pais e frequentava a mesma igreja que Jean e os avós dele. A proximidade, no entanto, não se deu apenas via música. Os vizinhos abriram um restaurante em um posto de gasolina de Barrinha e Célia, que era inspetora de alunos, precisou de alguém para ajudá-la nas tarefas de casa, já que trabalharia no novo negócio da família. Ela então perguntou a Jean se ele não queria fazer faxina na casa dela, e ele aceitou. "Ganhava R$50 por mês, independente do que fizesse lá. Eu queria ter minhas coisas, pensava no que Thiago tinha e vira e mexe, pensava no exemplo da minha vó, que contava ter começado a trabalhar com 11 anos. Não tinha essa coisa de exploração do trabalho infantil na minha cabeça e hoje, adulto, não quero que o que vivi seja visto dessa forma e não guardo mágoa".

O único ponto que o incomodava era a obrigação de estar sempre disponível para ajudar as vizinhas, como ir buscar água, coçar os pés. Ele interpreta que, na cabeça delas, como lhe ofereciam coisas boas, como poder ouvir música, era preciso retribuir de alguma forma. Além da descoberta do mundo cantado em italiano, o neto de Joaquim e Iracy também viveu experiências novas com Fátima, como a primeira visita a um shopping center, em, Ribeirão Preto, e ter assistido a um musical, no caso *Os Miseráveis*, em São Paulo. Jean William também fez a primeira viagem internacional ao lado dela, com Maria Pegrucci incluída. Foram a Buenos Aires, capital da Argentina, em 2004. "A Fátima não me deu a viagem de presente. Ela me emprestou o dinheiro e eu trabalhei para pagar", recorda.

Com o passar do tempo e as novas referências, Jean William ficou mais distante de Célia, mas havia um vínculo de obrigação criado e que ele não conseguia se desfazer. Quando chegou o momento de ir para o Ensino Médio, ele conseguiu uma vaga para estudar na Escola Estadual Winston Churchill, em Sertãozinho, considerada referência na região de Ribeirão Preto. Na época, de 15 para 16 anos, conheceu a família Guidi Francisco dos Reis e os conflitos ficaram mais claros.

"Eu dizia: Dona Julia, preciso ir para Barrinha ajudar minhas vizinhas. Ela respondia: "Vai lá fazer faxina, não tá certo". Se eu não fosse e desse atenção a elas, em especial Célia, ela ficava magoada, com sentimento de traição. Com o tempo, entendi que aqueles eram os demônios dela, não os meus. Nós paramos de nos falar principalmente após eu ter minhas primeiras experiências homossexuais. Ela, muito apegada à Bíblia, me dizia que eu era pecador e estava me desviando do bom caminho. Isso só piorou minha crise de identidade. Hoje, não me identifico com este mundo". Jean e a ex-vizinha ainda puderam se encontrar e reconciliarem-se, mesmo após mais de 15 anos distantes. No aniversário de Célia, em 16 de outubro de 2021, ela estava na varanda de casa e recebeu a visita do tenor, que estava de passagem pela cidade natal. Conversaram, riram das histórias do passado e fizeram as pazes. No mesmo dia, um amigo em comum faleceu durante uma viagem ao Mato Grosso.

Ao sentar-se para comer, Dalmo Giraldi morreu e para Jean, era uma forma linda de despedida, algo que Célia não concordou e emendou um "Deus que me livre". Mal sabia que, uma semana depois, em 22 de outubro, um enfarte fulminante também a levaria, assim como o amigo. Aos 61 anos, ela foi encontrada sentada no vaso sanitário após Ivanil, uma das tias do tenor, estranhar uma luz acesa, que permaneceu assim por muitas horas.

Já Fátima segue viva e tem com o ex-vizinho uma boa relação. Eles mantêm contato por telefone e quando se encontram em Barrinha. "Só tenho memórias boas e carinho por ele. O dia que mais me emocionei foi em um aniversário, quando ele apareceu de surpresa em casa e se apresentou para mim".

AM E FM

Na 7ª série, Jean pôde exercer mais um de seus talentos a partir da voz: o de ser um bom comunicador e *showman*. Arranjou um emprego na Rádio Cidade, que em 1998 operava apenas na frequência municipal. Junto com o novo trabalho, era necessário conciliar os estudos e as apresentações no coral da igreja. Mas ele parecia fazer um grande ensaio de como seria sua vida e uma de suas amigas e responsável pela rádio, Márcia Pagani, pôs na cabeça que aquele menino precisava fazer parte do elenco de apresentadores e o convidou para integrar o programa Segunda Premiada.

A princípio, Jean passava algumas horas por semana lá, mas não recebia pelo trabalho. Era uma experiência, que começou a dar certo e um dia, Márcia o convidou para cobrir as folgas dos funcionários nos fins de semana. Agora, ele receberia um valor, desde que arrumasse patrocínios no comércio local. A mãe se juntou a ele na missão e passaram a bater de porta em porta no comércio para pedir ajuda. Com insistência, arrumaram um patrocínio no valor de R$70 mensais do escritório de contabilidade Contec, dirigido por Dalmo, que além de primeiro patrocinador, trabalhou como contador de Jean.

Tudo estava "perfeito" na Rádio Cidade, a não ser um problema: o gosto musical do apresentador-cantor não sintonizava com o que a maioria dos ouvintes queria ouvir nos seus dias de folga. Jean gostava de tocar os CDs de música internacional e clássica que encontrava na coleção da rádio.

E conforme surgiam as vozes da cantora canadense Celine Dion, da norte-americana Barbra Streisand e a trilha da novela *Terra Nostra*[4], o telefone tocava com reclamações para que se tocasse pagode e música sertaneja.

Márcia, atenta ao que acontecia, lhe deu um ultimato: "Ou você começa a tocar o que o povo quer ouvir ou te mando embora". A produção e escolha das sequências musicais também passou a ser computadorizada e Jean não conseguia escolher mais o que queria. Ele queria que as pessoas ouvissem boa música, ficou cada vez mais desgostoso com a situação e assim que passou a frequentar o Primeiro Colegial, saiu do trabalho por onde ficou pouco mais de dois anos.

Barrinha tornava-se cada vez mais um lugar das primeiras histórias, que "morriam" uma por uma. Frequentar e cantar na igreja ainda era uma realidade, bem como as apresentações remuneradas que fazia em casamentos. Madalena se recorda que o filho investia tudo o que ganhava em materiais sobre música, como um teclado de segunda mão que ele passou a usar como companheiro nos eventos para os quais era contratado. Como os avós nunca tiveram um carro e Jean só viria a ter um muitos anos depois, já vivendo em São Paulo, o negócio era transportar o instrumento em uma carriola.

MINHA PELE PRETA

A vida de Jean William é repleta de coincidências. Uma delas é o fato de ele ter nascido no dia 20 de novembro. Nesta data, mas em 2011, foi declarado o Dia da Consciência Negra (Lei Federal 12.519). E a cor da pele sempre foi um assunto muito caro a ele, bisneto, neto e filho de pretos. O artista é um defensor ferrenho do combate ao racismo e acredita no poder da representatividade, palavra que ele descobriu cedo, ainda no Ensino Fundamental, ao se deparar com Ana Januário, a primeira professora preta de sua vida. E ele se encantou com aquilo.

Além de Ana, que lecionava História, outros três professores marcaram a vida dele nos tempos da Barrinha, principalmente, pelo estímulo em se desenvolver no mundo artístico: Bernadete, sua primeira mestra no Primário, e que costumava levá-lo até a casa dos avós no fim da escola; Marli, professora de Português e que estimulava Jean a escrever poemas e Grão, responsável pela Educação Física. Mas o que exercício físico tem a ver com cultura? Muito e neste caso, atendia pelo nome de Hino Nacional, um símbolo adorado pelo professor que admirava a disciplina militar. E como nenhum aluno conseguia cantar bem a letra composta por Joaquim Osório Duque-Estrada (1870-1929), em 1909, Jean se aproveitou de seus encantos vocais para conquistar a simpatia de Grão e rapidamente tornou-se o intérprete oficial do Hino em qualquer evento que rolasse na Luiz Siqueira.

E cantar bem o Hino Nacional não era o único dos charmes que ele jogava para os professores. Quando estava na 7ª série, a música já havia entrado definitivamente em sua vida, e Jean costumava levar um violão para a escola para tocar no intervalo. Os acordes andavam bem, mas não se podia dizer a mesma coisa das notas de Matemática. A professora da matéria tratava de um câncer, e só voltou no fim do semestre. Jean percebeu que ela retornou menos "dura", o que na cabeça dele fazia sentido, pois quando se enfrenta uma doença assim, quase tudo se torna secundário, como coisas materiais. No período das avaliações finais, faltava um pouco de nota para que ele fosse aprovado. "Ela não me pediu para resolver uma equação e sim, que eu cantasse *Nossa Senhora* (Erasmo e Roberto Carlos). Passei e pensei comigo: nossa, como sou safo. Mas depois entendi a visão dela: porque vou segurar um aluno assim porque falta um pouco de nota para chegar à média. Ela me deu a liberdade de eu escolher meu caminho".

Exercer influência dentro do ambiente escolar era algo normal para Jean William. Afinal, ele era o famosinho, o cantor. E não andava sozinho nessa. Havia um grupo igualmente apaixonado por música e que estava sempre junto, composto por Enzo, Rodrigo, Maria, Carina, Joice e Ricardo. Eram os "*superstars*" da Escola Luiz Siqueira, em Barrinha. Só que esse poder, ao invés de ser algo voltado para o mal, servia mais de proteção para ele, uma pessoa frágil e que ao se deparar com datas comemorativas, como o Dia dos Pais ou das Mães, não fazia presente para dar para eles, e sim para os avós. "Por mais amor que eu tenho neles, eles não são meus pais. Ao mesmo tempo, precisava ser grato por eles existirem e cuidarem de mim. Apesar de minha mãe estar por perto, eu não a via como presente. Tinha a sensação de faltar algo".

Além de Joaquim e Iracy, tia Neide, mãe do primo Elton, colaborou na criação e educação de Jean e sempre foi a que pegou mais no pé e cobrou mais. Já adulto, passou a fazer Constelação Familiar como forma de se entender como pessoa e cuidar dos demônios internos que todos possuem. Na leitura da terapia, criada pelo filósofo alemão Bert Hellinger (1925-1919) no século XX, a tia representaria o membro da família mais preocupado com a vigilância, que ficaria de olho para que o sobrinho não se perdesse pelo caminho que viria a traçar.

Outra pessoa que exerceu o papel de orientá-lo e incentivá-lo foi Rose Amorim, sua diretora na 4ª série. No início de 2000, quando ela foi transferida para Sertãozinho, convidou o menino de Barrinha para fazer o colegial na Winston Churchill, escola estadual que se destacava pelos altos índices de alunos aprovados em vestibulares como o da Fuvest, além de ser um local de incentivo artístico e que respirava cultura. Rose, que conhece Jean desde criança, lembra-se de quando assumiu o cargo-geral da Luiz Marcari e foi recebida por ele cantando *Espanhola* (Flávio Venturini). "Sempre incentivei que Jean desenvolvesse o enorme talento que tem. Em Sertãozinho, ele ficava muito tempo na escola, porque geralmente voltava para Barrinha comigo de carona. Quando terminavam as aulas, arrumava aulas de música, inglês e outras atividades para ele fazer".

Na época, o Governo Estadual, por meio da Secretaria da Educação, organizava um concurso de música e teatro nas escolas, a níveis municipal, regional e estadual. O secretário da pasta, Gabriel Chalita, chegou a ouvir Jean William se apresentar no 2º Colegial e como forma de incentivo, tanto o órgão estadual quanto a Winston Churchill se mobilizaram para que ele ganhasse uma bolsa de estudos na Escola Musical, em Sertãozinho, e pudesse aprimorar seus talentos. Alguns dias depois, conheceu a professora Rosana Merino vestido com uma camiseta preta da banda inglesa Deep Purple e neste primeiro contato, contou que gostava de Rock e tinha um grupo chamado Eros. Rodrigo, um dos integrantes, lembra que ele e Jean tocaram muito Led Zeppelin embaixo das árvores da escola.

Rosana não entendeu muito o porquê da história e explicou que ensinava canto lírico, não entendia nada de Rock e gostaria de saber se o jovem estava interessado em seguir por outro caminho musical. "Como vamos fazer?", perguntou. Jean não se fez de rogado, e com medo de perder a bolsa, respondeu: "Tudo bem, eu imito Pavarotti". Ao ouvir isso, a professora afirmou: "Ninguém imita Pavarotti". Depois de ouvi-lo fazer a cantoria a plenos pulmões, ela achou graça e por meio das aulas, que duraram até o fim de 2001, iniciou Jean no mundo clássico, ainda desconhecido por aquele adolescente em formação. Também o convenceu de que ele tinha voz própria e ao longo dos seis primeiros meses, o ensinou, em detalhes, a interpretar a canção italiana *Con te partiro* (Francesco Sartori/Lucio Quarantotto), a primeira em língua estrangeira que aprendeu de maneira formal e não só de ouvido. O tenor recorda que Rosana foi importante em seu processo de crescimento ao insistir que ele não precisava fazer imitações.

Outros professores marcaram a vida dele no período, como José Luiz, o Izo, que lecionava Literatura e utilizava a vivência no mundo do teatro em suas aulas. Havia outro José Luiz, mas de Biologia, e que também gostava de um palco. Jean foi se encontrando e se sentindo cada vez mais acolhido por seus pares culturais.

CAIPIRA À ITALIANA

Em maio de 2000, a professora de Geografia Julia Guidi Francisco dos Reis era uma das responsáveis por organizar o Fórum Regional da Educação, que naquele ano, seria realizado na Associação Regional de Sertãozinho. Com o tema *Educação se faz com Amor,* Julia e outras educadoras, como Esther, estavam animadas com a programação, que incluía o nome de um tal Jean William Silva como artista convidado. Como trabalharam como recepcionistas do encontro, não viram o momento em que o cantor subiu ao palco do lugar. Mas não conseguiram ficar indiferentes àquela voz, que interpretava a canção aprendida com Rosana Merino e famosa na voz do tenor italiano Andrea Bocelli. A voz de Jean William parecia um estrondo e tomou conta do prédio cheio.

Julia, que é espírita e apaixonada pela cultura italiana, disse para a amiga: "Esther, Caruso reencarnou. Não é possível!". Ainda extasiada com a apresentação, só pensava em descobrir quem era o cantor atrás do púlpito e que, por conta da altura, quase não era visto pelo público presente. Rose Amorim apontou quem ele era e a professora, num rompante, impediu que Jean, apressado, cruzasse a porta de saída. "Coloquei meu braço na frente dele e disse: menino, você é a reencarnação do Caruso. E ele: não sei quem é Caruso, mas se isso for bom, tá bom demais".

O choque inicial fez com que Julia não se lembrasse, mas os caminhos dela e de Jean já haviam se cruzado dois anos antes, na Escola Luiz Siqueira, em Barrinha, no dia em que ele interpretou *Roberta* no pátio. A professora soube da visita de uma delegação da Itália ao lugar por conta de uma feira de intercâmbio e quis acompanhar. Só que pelo visto, um não notou o outro. Mas desta vez, ela sentia necessidade de se aproximar do adolescente talentoso, que de início e por seu comportamento mais "caipira", assustou-se com tanta atenção.

"Eu era comunicativo dentro de Barrinha, na escola, mas fora desses círculos, era um bicho do mato. Para mim, todos aqueles professores juntos era coisa de gente importante. Senti que Dona Julia queria meu bem, mas não estava acostumado àquela explosão de afeto", recorda Jean, que só aceitou ir à casa dos Guidi Francisco dos Reis em agosto de 2000, após uma cena curiosa. Julia, após descobrir que ele estudava na Winston Churchill, escola em que ela lecionou, passou a ir lá com mais frequência até que um dia, após muitos desencontros, sentiu duas mãos se fecharem sob seus olhos e perguntar: "Quem é?". E ela: "Só pode ser Jean!".

Apesar da proibição de se tirar os alunos da escola sem autorização dos responsáveis, a diretora Rose consentiu que Julia levasse Jean para sua casa, mas por uma hora apenas e que ele fosse no banco de trás do carro. Ao chegarem, Jean ficou vidrado em um objeto: um piano no canto da sala. Sentou-se de frente para ele e como íntimos amigos, passou a dedilhar as teclas e os pedais. A combinação de sons gerou uma interpretação da *Ave Maria* de Schubert. O som atraiu a empregada, o senhor que consertava a geladeira e os fez chorar.

E não só eles se emocionaram. "É meio louco o que vou dizer, mas fazia muito tempo que buscava ouvir a voz do Jean. Busquei por ela em CDs importados da Itália, com todo tipo de tenor, dos clássicos aos mais contemporâneos. Em música católica, anglicana e nada. Disse para ele: eu tenho que investir em você. Você tem uma voz maravilhosa e tem futuro", conta Julia, que a partir dali, ganhou mais um filho, além dos quatro biológicos que gerou (Pedro Thomé Filho, Fernando, Mariana e Eduardo).

Com o tempo, Jean William passou a ser presença constante na casa da família afetiva. Também passou a dormir lá com mais frequência, e pouco a pouco, começou a formar uma família com três mães, Maria Madalena, Iracy e Julia, três pais, Valdecir, Joaquim e Pedro Thomé, além de sete irmãos, sendo três biológicos e quatro afetivos. Na nova fase que se iniciava, o talento do menino de Barrinha começou a ser lapidado e ele passou a conviver com pessoas que marcariam para sempre sua vida.

3
A SETE PALMOS TE OUVI

And now the end is near and so I face the final curtain.
My friend/ I'll say it clear/ I'll state my
case of which I'm certain.
I've lived a live that's full/ I travelled
each and every highway.
And more/ much more than this/ I did it my way.

PAUL ANKA

O céu do Canal da Mancha, que divide a Grã-Bretanha da França, está repleto de aviões. De um lado, a Luftwaffe, a artilharia aérea de Adolf Hitler (1889-1954). Do outro, a Royal Air Force (RAF) comandada pelos britânicos. Eles queriam impedir que o inimigo chegasse à ilha. A Batalha da Grã-Bretanha, ocorrida entre julho e outubro de 1941, foi a primeira da história a ser disputada completamente pelos ares e marcou a primeira derrota importante das tropas nazistas na Segunda Guerra Mundial (1939-1945) ao pôr fim à operação "Leão Marinho". No meio da disputa por território, havia um piloto de 19 anos, apaixonado por música clássica e que dois anos após o fim do confronto, passou o fim de seus dias entre Sertãozinho e Ribeirão Preto.

Harry Arthur Robin Prowse nasceu em 27 de fevereiro de 1921 no bairro de Chelsea, ao sul de Londres. Entre 1932 e 1939, estudou na Emanuel School, onde passou a desenvolver suas habilidades artísticas como violonista e ator. Logo após o início da Segunda Guerra Mundial, entrou para a RAF e exerceu o posto de piloto até 1947. Em sua carreira militar, sofreu dois atentados a tiros e chegou a ser capturado pelas tropas nazistas no Norte da França, mas conseguiu escapar e retornar à Grã-Bretanha.

O pós-guerra fez também com que Harry, com traumas do que viveu, tentasse, mas não conseguisse seguir como piloto. Ele e a esposa, Margaret, bailarina profissional, buscavam novos ares e em setembro de 1947, embarcaram em um navio no porto de Londres com destino ao Brasil. No município de Pitangueiras, próximo a Sertãozinho, a Fazenda 3 Barras, que só aceitava trabalhadores ingleses, convidou Harry para trabalhar como gerente da seção de frutas e frigoríficos. Na propriedade de 18 mil alqueires, plantava-se laranja e posteriormente, investiu-se na inseminação artificial de bovinos.

Harry Prowse tinha 19 anos quando entrou para a Real Força Aérea (RAF)

Julia Guidi nem havia nascido quando os Prowse chegaram ao Brasil. Ela, que é de 1950, começou os estudos em 1957 no tradicional Colégio Anjo da Guarda, fundado em Sertãozinho no ano de 1931 com foco na formação das moças de famílias tradicionais da região. Lá, conheceu Janice, filha de Harry e Margaret. Tornaram-se amigas e Julia, que já tinha vocação para o ensino desde criança, passou com o tempo a frequentar a fazenda para dar aulas de reforço para Janice e logo ficou íntima da família. Muitas vezes, por conta da distância até sua casa, dormia por lá.

Ela relembra, com precisão, que Harry, ou Mister Henrique, como passou a ser chamado, gostava de pôr música clássica no aparelho de som e ouvir com as garotas. Ele também era ouvinte assíduo da Rádio BBC Londres e todos os dias, comentava as notícias do mundo com quem estivesse ao seu redor. O ex-piloto também gostava de tocar violino e ir à missa anglicana, onde participava do coral.

Assim que Janice terminou os estudos primários, em 1972, o pai a mandou estudar Secretariado na Inglaterra. Apesar da distância física, Julia e ela mantiveram contato frequentemente por carta, além de encontros presenciais no período das férias. São amigas até hoje. Com o passar dos anos, e o envelhecimento dos tios Henrique e Margarida, que saíram da 3 Barras em 1983 e se mudaram para Ribeirão Preto, a já então professora Guidi tornou-se a filha brasileira deles.

Janice e o pai se despedem em 1972, ano que ela vai estudar na Inglaterra.

Harry, um homem reservado, tinha uma deficiência em uma das pernas que se agravou com a idade. Julia e o marido Pedro o visitavam com frequência e levavam guloseimas que ele adorava, como doce de figo, que não podia faltar. "Mister Henrique tomava cereais todos os dias no café da manhã e misturava com doce de figo. Se não tivesse um pote cheio na casa dele, dava briga. Ele também adorava pudim", recorda-se. A reclusão dele, cada vez mais intensa após a morte da esposa, fez com que Julia, em 2003, tivesse a ideia de levar Jean William para conhecê-lo. Ao chegarem, ela o apresentou como tenor e o ex-piloto, já com seus 83 anos, perguntou o que ele gostava de cantar. Nem deu tempo de responder.

– Ele adora *O coro dos escravos hebreus*, da ópera *Nabuco*[5], fuzilou Julia.

Jean cantou à capela e Mr. Henrique gostou do que ouviu. Assim, surgiu o convite para que Jean passasse a ir a casa dele ouvir música. Escutavam Beethoven. Cada encontro era um exercício de silêncio, pois Harry raramente falava e contava muito pouco sobre sua vida. A filha dele, que conheceu o promissor cantor logo que ele passou a frequentar o apartamento em Ribeirão Preto, tem fresco nas recordações o dia em que Jean levou um piano elétrico e se apresentou. Os vizinhos se emocionaram e aplaudiram a performance.

O que o artista não imaginava era que o ex-combatente havia se afeiçoado a ele, a ponto de deixar registrado em testamento a vontade de que o amigo de música cantasse em seu funeral e estipulasse um valor a ser pago antecipadamente. Como bom britânico pragmático que era, Harry também cuidou de outros detalhes funerários com antecedência, como a compra e ornamentação do mausoléu onde Margaret foi enterrada, em 2002 e ele, quando Deus quisesse.

Ao saber do desejo, Dona Julia pediu que Jean não aceitasse o pagamento e o ainda tenor em formação também não concordou em receber para o que, para ele, deveria ser feito de coração, afinal, Harry Prowse, nos últimos dias de vida, disse que "queria se despedir do mundo ao som daquela voz".

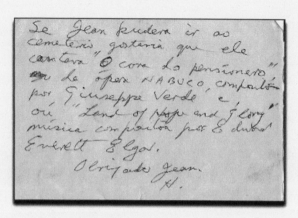

Um dos bilhetes-testamento deixados por Harry com o pedido para Jean.

A data da morte do britânico-brasileiro, 31 de julho de 2010, marcou Ribeirão Preto por conta de uma cena cinematográfica. Jean cantou à risca a lista de músicas escolhidas pelo morto e organizadas por ele em um bilhete, que fora entregue a Julia e Pedro e guardado até hoje na residência deles, assim como os retratos de Henrique e Margarida que repousam na sala de estar, além de uma caneca de prata, presente recebido em mãos pelo Rei George VI (1895-1952) pelos serviços prestados à nação, e herdada de Harry pelo médico de Sertãozinho.

Jean William interpretou músicas como *Land of Hope and Glory* (Edwald Hope)[6], *Vá, pensamento/O coro dos escravos hebreus* (Giusepi Verdi) e *All The Things You Are* (Jeromy Kerr/Oscar Hammerstein), que tocava em uma loja de Londres quando Harry e Margaret se conheceram, em 1940. O funeral à inglesa contou com a reverência aérea da Esquadrilha da Fumaça. Na hora em que Jean cantou *My Way* (Paul Anka) – e chegou o momento de encarar a cortina final, os aviões da Força Aérea Brasileira (FAB) rasgaram o céu por três vezes enquanto o caixão descia à terra.

O curioso é que esse não foi o primeiro velório em que ele se apresentou. O tenor iniciante circulou por muitos formatos de palcos diferentes antes de sua carreira virar realidade. Só na família Guidi Francisco dos Reis, Jean ajudou a encomendar a passagem da alma da mãe de Julia, Amélia, da mãe de Pedro, Ana Felício e dos tios Clementina e Carlos, que também era tenor, e antes de morrer, em 20 de junho de 2008, passou o cargo para o novo membro da família, como se recorda Julia. "O tio não vai mais cantar para você, mas deixo Jean no meu lugar".

Jean William também fez a despedida do pai do professor Rubens Russomano Ricciardi, Sylvio, em 2008, e do psiquiatra Guido Hetem, que tratara Julia e posteriormente, o filho afetivo dela. Também cantou, em 2005, no velório de Francisco Bergamo, o Chico, pai da médica Maristella; da fotojornalista Marlene e da jornalista Mônica Bergamo.

A assistente social e contralto nas horas vagas Fábia Tolvo, amiga de Jean desde 2004, quando passaram a se apresentar em casamentos e missas encomendadas por usinas de cana para agradecer o fim da safra, conta outro funeral inesquecível embalado pela com a voz dele. Quando o tabelião César Vassimon faleceu, em 2006, a filha dele, Silvia, que veio a se tornar prima de Julia Guidi após casar com Carlos Guidi Júnior, pediu que o novo tenor da família fizesse a despedida do ente querido. Quase no fim do velório, na hora de abaixar a tampa do caixão, que era pesada, lembraram do combinado e Julia, de supetão, gritou: "Jean, cante a *Ave Maria* de Schubert". Pois enquanto ele não finalizou o último verso, os homens que seguravam aquela peça, que parecia com uma tonelada, prenderam a respiração para enfim, seguir com o enterro.

Esse período da vida também marcou o contato inicial de Jean William com o espiritismo, doutrina que frequentou no interior e pôde cantar em eventos realizados no Centro Espírita Deus é Caridade, em Sertãozinho, e no Jesus e Maria, em Ribeirão Preto. Além disso, a voz de Jean encantou o médium baiano Divaldo Pereira Franco, que após o mineiro Francisco Cândido Xavier (1910-2002), é considerado o maior nome espírita no Brasil.

Quanto à fama de "cantor de velórios", suas últimas performances fúnebres foram para homenagear a ex-primeira-Dama Ruth Cardoso, na missa celebrada por conta do primeiro aniversário de morte dela, em 27 de junho de 2009. Em 2013, juntou-se a João Carlos Martins e à Orquestra Sinfônica da Bahia para homenagear Dona Canô (1905-2012), na cidade natal dela na Bahia, Santo Amaro da Purificação. Por fim, apresentou-se com um coral de mais de 800 pessoas e religiosos de muitas crenças, como o rabino Henry Sobel (1944-2019) e Dom Paulo Evaristo Arns (1921-2016), em um ato ecumênico realizado na Catedral da Sé por conta 40 anos do assassinato de Vladimir Herzog (1937-1975). Era 25 de outubro de 2015.

O CANTANTE CARECA

Conforme Jean e Julia se aproximavam, ele passou a ser figurinha certa na casa da Rua Sebastião Sampaio. A professora queria que ele se desenvolvesse e o carregava para cima e para baixo, como se exibisse um troféu, uma descoberta que precisava ser mostrada. A dinâmica da casa dos Guidi Francisco dos Reis também mudou.

Se antes os quatro filhos biológicos de Julia recebiam toda a atenção, de repente, passaram a vê-la dedicar-se de corpo e alma a uma nova experiência materna.

"No começo, eles morriam de ciúmes e eu me refugiava no piano por ser introspectivo. Isso acabou me ajudando a ficar afiado no instrumento", relembra Jean. Mas ele não só tocava, como tinha uma rotina puxada de estudos e cursos extracurriculares, visando ser aprovado no curso de Canto e Ópera da Universidade de São Paulo (USP). Jornadas chegavam a 15 horas diárias. Além dos compromissos com o Ensino Médio, entraram na agenda aulas particulares de literatura, idiomas e orientações de canto. Em 2003, com o Ensino Médio terminado, fez ainda o Cursinho Pré-Vestibular Quarup, em Sertãozinho, pois havia ganhado uma bolsa de estudos. Também passou a frequentar o consultório do psiquiatra Guido Hetem, de quem Julia já era paciente, em Ribeirão Preto.

Na cabeça dela, a projeção era de que Jean William mais cedo ou mais tarde estouraria, e tinha medo de como ele lidaria com o sucesso. As sessões com um especialista da mente humana também serviram para tratar as mágoas e angústias do passado que o novo filho lhe contava. Guido, que também era espírita, disse a Julia que seu novo paciente, que o fizera chorar quando entrou de supetão no seu consultório cantando a *Ave Maria* de Schubert, era um espírito altamente evoluído e que havia aceitado reencarnar em um corpo "franzino, negro e pobre".

A mudança de ares não foi absorvida com tanta rapidez. Se, dos 0 aos 15 anos, Jean foi um indivíduo totalmente livre que dizia: "vó, estou indo e não vó, posso ir?" agora passara a viver em um lugar com mais regras e uma nova mãe que fazia marcação cerrada. "Se eu sumisse e não desse notícias, Dona Julia ligava para meio mundo até me achar. Eu ficava bravo, mas entendi com o tempo que a disciplina me ajudou muito a chegar aonde queria". Outra situação com a qual Jean William precisou habituar-se com o fato de que, se antes ele servia, agora passava a ser servido. Julia também cuidava da gestão financeira e dava ao filho afetivo dinheiro com cuidado e contado, apenas para as despesas do dia a dia.

Madalena se lembra de quando o filho contou sobre a nova mãe. "Algumas vezes, o Jean me pedia dinheiro para pegar o ônibus e ir estudar em Ribeirão. Quando eu tinha, dava. Até que uma certa noite, ele me disse que não iria precisar, pois ia dormir na casa da Julia". No início, a mãe biológica sentiu ciúmes da situação, mas foi se habituando a quantidade generosa de figuras maternas que surgiram na vida dele. Foi Lena, após uma conversa, quem levantou a suspeita de que o Dr. Pedro, marido de Julia, teria feito o parto do cantor. Cutuca daqui, cutuca de lá e a confirmação. Pedro, geralmente econômico nas palavras, brincou: "é uma feliz coincidência. Era para ele ser meu filho também".

Aos poucos, Jean tornou-se uma figura conhecida para o resto da família e em setembro de 2003, estreou na festa dos Guidi, organizada anualmente para celebrar às raízes italianas da família, surgidas na região da Toscana. Julia fez uma seleção de canções napolitanas e orientou que Jean passasse a cantá-las depois que os convidados tivessem bebido bastante, estando, por causa do álcool, mais sensíveis. A ideia dela era arrecadar dinheiro para que ele comprasse um novo teclado.

E assim foi. O vinho entrou, a música começou. Tio Carlos, um homem alto e forte, juntou-se ao novo tenor nas homenagens à Itália. A estratégia deu certo e após muita bebedeira e cantoria, o dinheiro para o instrumento estava garantido. Carlos também se empolgou e queria ajudar na formação daquele menino magricelo e talentoso. Sugeriu que ele fosse inscrito em aulas de natação, para aumentar a caixa torácica, o que, na cabeça dele, ajudaria nos agudos e na resistência cardiorrespiratória, mas Jean não estava interessado em exercício físico naquela época, o que mudou quando ele passou a viver em São Paulo, a partir de 2009.O que o adolescente mais desejava era mergulhar na piscina de borda infinita que a música proporcionava. Era o que ele tinha de mais genuíno, pois no íntimo, sentia que era a única forma de ser visto. Jean William tem tendência ao isolamento, mas precisou acostumar-se a ter sempre muita gente ao seu redor. E, principalmente, a domar o ego, que inflava com os elogios que recebia e murchava por causa da autoestima "de merda", como ele a definia naqueles tempos.

Para entrar na faculdade, Jean William precisava aumentar as notas das matérias de Exatas e Ciências que, segundo Julia, "estavam uma tristeza". A mãe afetiva então decidiu que era hora de deixar um pouco de lado as disciplinas de Humanidades e focar em Química, Física, Matemática e Biologia. O processo de avaliação para conseguir uma vaga no curso de graduação de Canto e Ópera no Departamento de Música da Faculdade de Filosofia, Ciências e Letras de Ribeirão Preto da Universidade de São Paulo (FCCLRP-USP) foi feito em duas etapas, em 2003. A primeira, uma prova de aptidão, para avaliar a musicalidade e o potencial técnico-artístico do candidato. A segunda, o vestibular em si. Jean, que nasceu com talento nato para cantar, mas não tinha muita bagagem, passou a ter aulas de preparação vocal e canto com a professora Cristina Modé, que foi sua orientadora até às vésperas da prova e sugeriu o repertório a ser apresentado à banca, que esperava candidatos afinados cantando algumas árias italianas produzidas nos séculos XVII e XVIII.

Antes da audição, Julia perguntou a um primo, José Roberto Dugrowich, professor de Física na mesma Universidade, se não era possível marcar um encontro com o coordenador do curso para que ele ouvisse Jean cantar. Dugrowich fez o meio de campo com Rubens Ricciardi, que pediu que eles fossem à USP, mas no dia do encontro, não esteve presente por conta de outros compromissos. O coordenador foi representado pelo professor Fernando Crespo Corvisier. Julia, irrequieta, avistou logo um belo piano de calda ao chegar. Pensou: "É só o Jean tocar e cantar a *Ave Maria* de Schubert que está no papo". O menino, meio a contragosto e envergonhado, sentou-se no instrumento e fez o grande pianista se emocionar, como já havia feito com metade da população de Barrinha e Sertãozinho. O professor ficou tão sensibilizado que não contou que só os educadores podiam tocar naquele piano.

Alguns dias depois, Rubens telefonou e pediu para que eles fossem mais uma vez à USP. Na ocasião, a mãe afetiva levou uma pasta de músicas italianas que Jean dominava e tomou uma reprimenda. "Pode jogar isso no lixo. Vou ter um trabalhão danado para corrigir tudo de errado que fizeram nessa voz. Isso não está em ordem em sua formação de cantor". De início, Julia ficou magoada e não jogou nada fora. Para ela, a estratégia de colocar o filho na frente da TV para aprender como grandes tenores, como Pavarotti, abriam e fechavam a boca, não estava errada. Jean imitava, até mesmo da vivência com ela, muito dos trejeitos histriônicos de alguns artistas italianos. A mãe afetiva só percebeu que ele tinha muito a aprender nos tempos em que estudou em Ribeirão.

O professor Ricciardi, que na época era o coordenador do exame de aptidão, relembra o outubro de 2003 com detalhes e carinho. "Quando eu recebo um candidato com talento, como é o caso do Jean, é uma alegria grande. Talento ou você tem ou não. As pessoas confundem talento com vocação. Vocação é você escolher uma atividade como prioridade, como um chamado. Pode acontecer de alguém ter vocação e não ter talento. É como dizia Clarisse Lispector, pode-se ser chamado e não saber como ir. Reconheci o talento dele logo de cara e esperava por sua capacidade de superação. Não tinha escolaridade nem instrução, mas tinha musicalidade e todo um potencial técnico-artístico". A professora Yuka de Almeida Prado, que viria a ser a orientadora vocal dele, também enxergou brilho próprio em Jean e concluiu que o conhecimento musical que lhe faltava seria conquistado sem grandes problemas.

A banca atribuiu à performance dele no exame de aptidão a nota máxima (dez). Aprovado na primeira fase, o que Jean William precisava era não zerar a prova de nenhuma disciplina do vestibular da Fuvest. No início de 2004, Eduardo Francisco dos Reis, o quarto filho de Julia e Pedro, que havia prestado vestibular para Engenharia n USP, gritou lá do quarto: "Mãe, Jean passou". Ao contrário do irmão afetivo, Eduardo não foi aprovado, mas Julia, dividida, explicou ao filho caçula que precisaria festejar o resultado. "Perguntei: você vai ficar triste? O Eduardo tem cabeça boa e disse que também comemoraria, que eram áreas diferentes e que o Jean já estava com um pé e meio na USP antes da prova". Então, pegaram um smoking no guarda-roupa de Pedro, que tem quase o dobro de tamanho do filho afetivo, vestiram nele e saíram pelas ruas de Sertãozinho com o calouro careca, empunhando um violão para pedir dinheiro.

Assim que fizeram a matrícula, Julia decidiu que Jean William viveria na casa dela enquanto estudasse e viajaria os 30km que separam Sertãozinho de Ribeirão Preto diariamente. Ele teria direito a viver na Casa do Estudante, alojamento mantido pela USP para alunos mais carentes, mas a mãe afetiva pensava que talvez lá não fosse o ambiente calmo e disciplinado que ele precisaria para dedicar-se de corpo e alma à música. Zelosa que só, estava preocupada com a vida que o universitário poderia levar em uma cidade grande. Tinha medo de que ele se envolvesse com pessoas erradas, na visão dela, e usasse drogas.

Julia também enchia a mochila do filho afetivo de maçãs, pois tinha certeza de que um bom tenor precisava consumir diariamente a fruta e em boa quantidade. Os novos colegas de faculdade de Jean também agradeceram, pois ele saía distribuindo o alimento para aliviar o peso, já que não conseguia comer tudo sozinho.

O ESPELHO

Na infância, Jean ouvia piadinhas referentes a sua sexualidade. Algumas pessoas insinuavam que ele seria homossexual, mas ele, na posição de menino criado dentro das regras da Igreja Católica, não lidava bem com aquilo. De início, teve algumas paixões platônicas por meninas. A primeira delas, aos sete anos, foi Iara. Quando chegou o período das festas juninas, torceu para ser escolhido como o noivo da quadrilha, já que a pretendente seria a noiva, e conseguir se aproximar dela. Outro menino foi escolhido para fazer par com a menina loira e Jean dançou com Claudinéia, uma garota que usava óculos e que não o atraía. "Era apaixonado por Iara. Minha vida era ela". Hoje, ela está casada, vive em Barrinha e tem dois filhos.

Entre a 3ª e a 4ª série, uma nova menina de cabelos loiros cruzou o caminho de Jean. Era Maria Angélica. Mesmo assim, os rumores sobre a sexualidade do menino na provinciana Barrinha seguiam e um dia, Madalena o chamou para conversar e contou que a irmã de seu marido disse que ele era gay. Pelo tom das palavras, a homossexualidade soou como algo errado para ele. Apesar da pouca idade e incerteza, Jean respondeu que a vida era dele e que faria o que bem entendesse, negando, por fim, a acusação.

A partir da 7ª série, Jean passou a olhar para os meninos da classe de um modo diferente, enxergando-os não só como amigos. Isso lhe causava medo, primeiro de apanhar e depois, de pecar. O filho de Maria Madalena carregava um sentimento de culpa muito grande. E enquanto não compreendia o que desejava, um ano depois, conheceu Michelle. Jean e Michelle passaram a se gostar. Um dia, beijaram-se na frente da Luiz Siqueira e, para o azar de Jean, o pai dela, Cláudio, que passava de carro em frente à escola, viu. O menino sentiu uma vergonha danada, mas não se fez de rogado. Ele, que foi criado pela avó para ser um homem honrado, disse: "Michelle, avise seu pai que vou na casa de vocês te pedir em namoro". Foi mesmo e direto ao ponto:

"Olha Cláudio, vim aqui porque gosto da sua filha e queria namorar com ela". Jean ouviu do sogro um sermão enorme, mas foi autorizado a frequentar a casa às terças, sextas e sábados, sem gracinhas.

Com ela, Jean William iniciou sua vida sexual, embora as novas experiências fossem acompanhadas de outros interesses. Jean olhava os rapazes da Rádio Cidade, os achava atraentes e para piorar a situação, ficou interessado em um primo da namorada, que não lhe deu a menor bola, porque não era a dele. O namoro durou cerca de um ano, e nesse período, Jean William e Michelle foram estudar em Sertãozinho. Ele pensava ser bissexual e sentia-se confortável com isso, até que precisou enfrentar a primeira traição da vida: Michelle conheceu Diogo e passou a sair com ele, enquanto ainda namorava Jean, um escorpiano orgulhoso, que se ressentiu muito, mas não percebeu que, ao não ser sincero consigo mesmo, também enganava a namorada. Só que a situação não durou muito. Na Winston Churchill, Jean começou a fazer aulas de teatro e conheceu Júnior, um rapaz assumidamente gay. Ele se identificou com ele e com os outros alunos homossexuais, que o deixaram mais à vontade para ser o que era de verdade, ainda que o medo persistisse.

Jean teve ainda uma última namorada, chamada Aline. Eles se relacionavam, mas era algo mais no mundo das aparências, para os outros verem. Internamente, os sentimentos dele eram dedicados a um amigo de olhos azuis que tocava violão, mas que não fazia a menor ideia desta paixão. "Era uma coisa ingênua, fazíamos luais. Só que ele saía com meninas na minha frente e eu tentava sair com mulheres também, para acompanhá-lo. Um dia, estava bêbado e confessei o que sentia, mas ele fingiu não ouvir. Nossa amizade está acima de tudo e somos amigos até hoje".

Jean só se encarou de verdade no espelho em 2006, quando viu que era gay e não havia problema nenhum com isso. No 3º ano da faculdade, viajou a Brasília para 28º Curso Internacional de Verão (11 a 28 de janeiro de 2007) e teve contato direto com outros músicos homossexuais. "Me afeiçoei a um menino chamado Mário, de Alagoas, e passamos a conversar sobre isso, paixões, sentimentos que estavam rolando ali. No meio do caminho, uma menina chamada Dalila começou a gostar de mim e eu, que não sabia o que fazer, passei a dar atenção para ela". O que Jean não percebeu foi que o alagoano, inicialmente um amigo, passou a gostar dele também. Mas não rolou nada. Os dois mantiveram contato pelas mídias sociais da época, como o Messenger. Certo dia, o cantor de Barrinha colocou no seu status o título da canção *I still haven't found what Im looking for* (Eu ainda não achei o que estou procurando) da banda escocesa U2 e recebeu a seguinte mensagem de Mário: *Maybe you are looking from the wrong side* (talvez você esteja olhando pelo lado errado). "Pensei: opa, que tapa na cara. Aquilo me deu coragem para ser quem eu era".

Na faculdade, Jean tinha amigos gays e isso o fortaleceu. A primeira pessoa para quem se assumiu foi uma colega de sala, Renata Ferrari, enquanto caminhavam pelo pátio da USP de Ribeirão. Quem também recebeu a boa nova com alívio foi Fábia Tolvo, que também é homossexual e, sendo mais experiente, tornou-se confidente dele. Na época, ela namorava Carolina, com quem veio a se casar. "Carol tem quase dois metros de altura, é forte e ajudava os dois baixinhos (Fábia tem 160 cm) a levar os equipamentos para o segundo andar da Igreja Matriz de Sertãozinho, onde fica o espaço dos músicos. A amizade foi crescendo enquanto nos apresentávamos em cerimônias de duas a três vezes por mês". Fábia e o parceiro musical recebiam os noivos interessados na sala dos Guidi Francisco dos Reis para escolher o repertório, que geralmente mesclava música popular brasileira e clássica e cobravam cerca de R$300 de cachê. Juntos, também foram aprovados, em 2005, no coral profissional que o maestro Paulo Roland passaria a reger em Ribeirão Preto.

Outra pessoa com quem o universitário queria igualmente dividir seus sentimentos era Julia, que sempre pedia para que ele não mentisse para ela. E numa ocasião, aconteceu um xeque-mate, pois Jean, todo feliz em um bar gay, deu de cara com um primo dela. "Pensei: puta merda, ele vai falar que me viu aqui". Foi uma semana de sofrimento. Mas decidiu contar e ela não achou nada demais ao ouvir: – "Dona Julia, não sei se vou trazer uma namorada aqui um dia" e ela brincou: "Graças a Deus, porque mulher dá muito trabalho."

Aline foi a única namorada de Jean a frequentar a casa de Julia e a receber presente dele. Para os Guidi Francisco dos Reis, não era preciso ficar perguntando sobre a vida sexual do filho afetivo e segundo ele, o carinho nunca mudou. O único namorado que Jean levou e apresentou para às famílias foi o flautista Felipe Mancz, com quem se relacionou por dois anos e meio, entre 2015 e 2017.

Dona Julia chegou chegou a ligar para Jean porque estava curiosa em saber quem era o rapaz que começou a aparecer com frequência nos posts das mídias sociais dele. "Por que não me falou primeiro? Ficou por uma meia hora estranha, mas foi só", relembra. Em 2017, Jean levou o namorado a Barrinha, pois Felipe queria muito conhecer Joaquim. "Quando a Lívia Liboni, uma amiga, ia se casar, me ligou e além do convite para que eu cantasse na cerimônia, foi enfática em dizer que se eu não levasse o Felipe, não precisava ir. O levei e a hora que começou a tocar flauta, conquistou meu avô e tocaram chorinho a tarde inteira". No início de 2018, Iracy perguntou sobre o menino de olhos claros e disse ao neto que havia preparado uma cama para que ele dormisse lá. À época, Jean e Felipe não estavam mais juntos, decidiram seguir direções diferentes. Apesar disso, o relacionamento ajudou Jean a simbolicamente se assumir para a avó. O avô nunca se interessou em saber do assunto e toca o barco, sem dramas.

BATUTA X CORAÇÃO

Ao mesmo tempo em que se conhecia melhor, Jean William encarava um processo de aprendizado sistemático da música, que incluía absorver informações sobre 2.500 anos de notação musical; os grandes compositores e seus estilos e como aprimorar o canto tendo em vista a linguagem artística e o mundo da obra em cada repertório, conforme explica o professor Ricciardi, que acredita ter contribuído na formação em teoria musical de seu ex-aluno tenor. Jean ainda estudou todas as matérias básicas para sua formação enquanto músico: Percepção; Solfejo; Harmonia; Contraponto; Linguagem e Estruturação; História da Música; Filosofia e História da Arte.

A professora Yuka de Almeida Prado foi uma das responsáveis por introduzir Jean nos processos didáticos para sua formação de cantor por meio de estudos sobre a Escola Napolitana, considerada de grande importância para a ópera barroca, entre os séculos XVII e XVIII. Desde a geração de Claudio Monteverdi (1567-1643), quando os compositores defendiam a *seconda pratica, overo perfettione della moderna musica* (segunda prática ou perfeição da música moderna), a condução da performance musical não se dava mais pelo "tempo do compasso batido à mão" mas sim, pelo "tempo do afeto da alma". Era preciso valorizar o canto solista, com o protagonismo da melodia acompanhada, e não mais apenas a polifonia (quando todos cantam juntos melodias diversas). Ocorreu, assim, uma revolução na música, com o novo tempo musical que já incorporava variações expressivas de andamento, a chamada "agógica". Quem já assistiu a uma apresentação de Jean William, repleta de passionalidade e emoção, agora pode entender melhor de onde ele tira as referências.

"Claro que Jean chegou até nós sem essa bagagem. Mas ele se dedicou com afinco para assimilar as diferentes linguagens do canto e da ópera e suas possibilidades expressivas. Por sorte, a música é uma arte com forte vocação à internacionalização. Por exemplo, uma partitura brasileira pode ser perfeitamente executada por uma orquestra russa, estadunidense, alemã ou chinesa, sem que qualquer obstáculo de idioma interfira na performance instrumental. No caso do canto, os idiomas são desdobramentos naturais das linguagens e dos estilos artísticos que sempre transcendem a mera dimensão cultural. Neste sentido, não apenas aprendeu música conosco, mas também a ser um cidadão do mundo, com espírito crítico", explica Ricciardi. Nos seis anos em que estudou no Campus da USP de Ribeirão Preto, entre 2004 e 2009, o universo do canto e da ópera o levou a cursar aulas particulares de inglês, italiano, francês e alemão, além do aprimoramento ao piano.

A violoncelista Thais lembra que ela e a irmã rapidamente fizeram amizade com Jean e que, por morarem em um apartamento alugado pela mãe em Ribeirão, passaram a oferecer pouso para ele. A piracicabana ficou igualmente impactada ao ouvi-lo cantar pela primeira vez, pois a estatura baixa do tenor não inspirava muita confiança. "Parecia que ele tinha um megafone dentro da boca". Ela também ressalta nele a entrega nos estudos, motivada pelo desejo de ficar em pé de igualdade ou mais qualificado do que os colegas de faculdade.

Jean também começou a aprender a arte de se fazer um bom *networking* na casa dos Guidi Francisco dos Reis, em especial, a partir de 2003. Nos almoços e jantares de lá, sempre havia pessoas bem-sucedidas e de áreas diferentes. Duas delas eram o holandês Gus Roland e o brasileiro Lúcio Cornachini, presidente e vice-presidente da empresa CRV Lagoa da Serra, especializada em inseminação de bovinos na região de Sertãozinho. O cantor se identificou com Lúcio, por conta da história de vida parecida com a dele. De origem pobre, o capixaba casou com uma sobrinha de Julia e por ser batalhador e com ambições, passou de um funcionário simples ao segundo cargo mais importante da empresa. "Aprendi muito com ele em silêncio", revela.

Tanto Gus quanto Lúcio tornaram-se fãs do menino de Barrinha e viraram apoiadores da carreira dele. Primeiro, aprovaram uma bolsa de um salário-mínimo durante o tempo em que ele estudasse Canto e Ópera. Com o dinheiro, Jean pôde mudar-se para Ribeirão Preto, em 2006, e pagar pelos cursos extracurriculares que precisava fazer. Quando faltava pouco mais de um ano para que Jean William se formasse, o estudante passou a receber convites de agentes que queriam representá-lo e vender apresentações dele em São Paulo. Em palavras doces, ele iria cantar no programa "Domingão do Faustão" (Rede Globo), ganhar dinheiro. O orçamento dele era curto, mesmo com a bolsa e os cachês que recebia para cantar em casamentos, ofício do qual seus professores discordavam, pois acreditavam que o aluno deveria preservar e trabalhar a voz na academicamente primeiro. Por conta dos atrativos financeiros, Jean teve vontade de aceitar. Mas Pedro e Julia, preocupados com a inexperiência do filho afetivo, o orientaram a se formar primeiro e depois, com o diploma em mãos, decidir o que gostaria de fazer. Ele aceitou o conselho e considera a decisão um passo certo na carreira.

OS BERGAMO VÊM AÍ

A vida de Jean William é cheia de coincidências. A primeira, vir ao mundo pelas mãos do pai afetivo, é só uma uma delas. Em setembro de 2004, ele voltou a ser a atração da festa dos Guidi, em Sertãozinho, e conheceu a namorada de Pedro Thomé Filho, a estudante de Medicina Maristella. Segundo ela, tornaram-se, naquele momento, amigos para sempre. O também estudante universitário sabia que a nova amiga era irmã da fotojornalista Marlene, da Folha de São Paulo, e da jornalista Mônica Bergamo, que trabalha no mesmo jornal, é colunista da Rádio BandNews, e alguém que conversa e tem acesso a muita gente importante. Mas conhecê-la parecia algo longe de acontecer. Parecia.

No ano seguinte, Jean passou a fazer alguns cursos em São Paulo e se hospedou algumas vezes no apartamento de Maristella. Em uma dessas visitas, em maio, a amiga o convidou para visitar o pai, Francisco

Luiz Bergamo, diagnosticado com um câncer de pulmão. Chico não estava em casa, mas sim no apartamento de Mônica. Eles foram para lá, mas Francisco e Mônica tinham saído. Enquanto esperavam, o cantor olhou ao seu redor e viu, na sala, muitos livros, uma esteira e um teclado. A amiga notou a cena e perguntou a Ji, como ela o trata: Você quer cantar?

Ele não se fez de rogado e assim, fez a apresentação no palco mais divertido da carreira até hoje: uma esteira elétrica. Ajeitou o instrumento perto das mãos e assim que a chave girou na porta, atacou com *Funículi, Funiculá* (Luigi Denza) para espanto de todos: "Meu Deus, onde vocês arrumaram isso?" perguntou uma risonha Mônica. No primeiro encontro, o artista fez Chico ir às lágrimas com sua canção favorita, *Mamma* (Bruno Cherubini / Cesare Andrea Bixio / Cesare Bixio) e ainda dizer, nas palavras de Jean: "Esse cara é bom, vai para frente". O pai das Bergamo teve uma companhia de teatro e foi um entusiasta da cultura. "Meu pai se afeiçoou a ele e pediu que voltasse e cantasse para ele outras vezes. Sabia que não viveria muito e queria aproveitar. Também organizou uma missa, na Capela do Sion, em Higienópolis, para agradecer a vida. O Chico nunca foi muito religioso, mas achou que era necessário fazer isso naquele momento", conta Maristella.

No dia 13 de agosto de 2005, o celular de Pedrinho tocou no plantão, em Ribeirão Preto. O pai Bergamo havia morrido e à noite, o médico buscou Jean em Sertãozinho e eles foram de carro até São Paulo para acompanhar a cerimônia. Jean deveria estar presente para que houvesse música na despedida terrena de Chico. A canção materna, já interpretada por nomes como Andrea Bocelli e Luciano Pavarotti, foi a primeira cantada. "Nós seguramos a emoção quando ele cantou *Mamma*, mas quando começou *Con Te Partiro* (A. Bocelli), não deu. Mônica precisou até sair da sala", recorda Maristella. Já amigos, o cantor e a jornalista viajaram no fim do mesmo ano para a Praia de Picinguaba, no litoral paulista, onde passaram as festas de fim de ano com as famílias Bergamo e Guidi Francisco dos Reis. E ele passou a ser requisitado até para ir ao mercado. "Lembro dela brincar: Jean é dos nossos, gosta de festa. Me entendeu desde o início e me acolheu".

A cada semestre na USP, Jean conquistava mais fama regional e investia em *master-classes* com nomes importantes da música, como a soprano brasileira Cèline Imbert; a norte-americana Martha Herr

(1952-2015), a mezzosoprano russa Elena Obrastzova (1939-2015); o pianista holandês John Sindjers e o professor da Universidade de São Paulo, Francisco Campos Neto. Entre 2007 e 2009, participou do Festival Música nas Montanhas, em Poços de Caldas (MG) e em 2008, do Festival de Inverno de Campos do Jordão (SP), onde fez parte da primeira de algumas óperas que viria a participar na sua carreira. O espetáculo era *Der Schauspielerdirektor* (O empresário teatral), de Wolfgang Amadeus Mozart (1756-1791).

O fim do curso de Canto e Ópera foi intenso. Em junho de 2009, Jean esteve no Theatro Pedro II, em Ribeirão Preto, ao lado de músicos consagrados, como o maestro brasileiro Cláudio Cruz, o pianista brasileiro Jean Louis Steuerman e a regente e soprano ucraniana Snizhana Drahan. Também começou a preparar sua monografia, trabalho pré-requisito para a conclusão do bacharelado. Escolheu o tema *Erlkönig: Um convite à expressão vocal*, sendo orientado por Yuka de Almeida Prado. O trabalho propõe uma análise do texto e do timbre de cada personagem da canção escrita por Franz Schubert (1727-1828) e inspirada no poema de Wolfgang Von Goethe (1749-1828), sobre a história de um pai e seu filho. O poema conta que, numa noite escura, o filho tem um encontro nada agradável com o rei dos elfos da floresta. Jean se encantou pela obra desde o princípio da graduação e a tem como um dos seus repertórios favoritos até hoje.

Jean William também precisou cantar em um recital de formatura, marcado para o dia 29 de novembro de 2009, na Sala de Concertos da Tulha, onde foram interpretadas 16 canções. No repertório, árias, óperas e música popular. Alguns convidados dividiram o palco com o mais novo tenor profissional, como, Cristina Modé; Fabia Tolvo; Marcos Papa no violão; Paulo Meirelles e Thiago de Freitas, que se revezaram no piano. Yuka lembra do orgulho que sentiu ao ver o ex-orientando formado e mais confiante. "Algumas vezes, o Jean me procurou para conversar e duvidava de que pudesse fazer sucesso, pois era pobre, subnutrido e ranzinza. Eu dizia que aquilo não era verdade e que ele deveria ser como é, não ter medo disso. Ele tem o poder de atrair as pessoas e sabe usar isso a seu favor".

PROGRAMA

Aria di chiesa - Alessandro Stradella (1644-1682)
Caro Mio ben-Giusepe Giordani (1751-1798)
Ombra mai Fu - G.F. Handel (1685-1759) - part. esp. "Quarteto Bachiana de São Paulo"
Amarilli mia bella - Giulio Caccini (1551-1618)
Vaga Luna - Vicenzo Bellini (1801-1835)
Una Furtiva Lagrima - Gaetano Donizeti (1791-1848) - Ópera "L'elisir d'amore"
Quanto è bella quanto è cara Gaetano Donizeti - Ópera "Don Giovanni" - part. esp. Cristina Angelloti - mezzo-soprano.

INTERVALO

Widmung - Robert Schumann (1810 - 1856) - part. esp. Paulo Meirelles - Piano
Du bist wie eine blume - Robert Schumann (1810 - 1856) - part. esp. Paulo Meirelles - Piano
Au bord de l'eau - Gabriel Fauré (1845 - 1924)
Zueignung - Richard Strauss (1864 - 1949)
Del Cabello más sutil - Fernando Obradors (1897 - 1945)
Amor em Lágrimas - Claudio Santoro (1919 - 1989)
O trenzinho do caipira - Heitor Villa Lobos (1887 -1959) - part. esp. Fabia Tolvo - contralto e Marco Papa - violão
Melodia Sentimental - Heitor Villa Lobos (1887 - 1959) - part. esp. Marco Papa - violão
Alma adorada - Francisco Mignone (1897 - 1986)

Agradecimentos especiais:

Pianista Oficial - Mestrando - Thiago de Freitas

Professora Doutora - Yuka De Almeida Prado - Coordenadora do Curso de Bacharelado em Canto e Arte Lírica da ECA - USP Ribeirão Preto

Professor Doutor - Fernando Crespo Corvisier - Coordenador do Curso de Música da ECA - USP - Ribeirão Preto

Créditos:
    Foto: Fernando Mucci
    Arte: Qualigráfica

Domingo, 29 de novembro de 2009
18h30 min.
Sala de Concertos da Tulha.

Programa do recital de formatura de Jean William.

Cada aluno seguiu um rumo diferente de 2009 em diante. As gêmeas Carol e Thais Duarte conseguiram passar na seleção para integrar a Orquestra Bachiana Filarmônica SESI-SP, projeto iniciado por João Carlos Martins em 2003. Naquele ano, ele conheceu o jornalista e escritor Gilberto Dimenstein (1956-2020), que o incentivou a dedicar-se a projetos de arte-educação e inclusão social. Enquanto se preparava para reger, por meio das mãos e aulas do maestro Julio Medaglia, fez as primeiras visitas à Febem (hoje Fundação CASA) e lá deu as primeiras aulas de musicalização para os internos, ensinando-os a fazer sons com o próprio corpo. Em 2004, a nova orquestra fez sua estreia, na Sala São Paulo e desde 2006, buscar a garimpar talentos Brasil afora e que precisem de uma mão amiga para mudar de vida. O maestro também criou o projeto *A Música Venceu* e passou a incentivar seus músicos a se engajar na filantropia e a visitar escolas e projetos sociais que tenham a música como um dos pilares socioeducacionais.

Carol e Thais estrearam com a orquestra na TV logo no palco do Domingão do Faustão. No início de 2009, o neto de Joaquim e Iracy foi visitá-los em Barrinha e viu na TV que o ex-apresentador da Globo receberia em seu programa João Carlos Martins, acompanhado de uma cantora cega chamada Giovana. "Disse para minha vó: minhas amigas vão tocar. Vamos assistir. E só no momento em que vi a orquestra no palco, minha primeira memória sobre o maestro surgiu: Ele havia tocado com a Bachiana o Hino Nacional em um jogo do Brasil – nem Jean, nem o maestro se lembram qual partida foi – e minha vizinha Célia disse que aquele cara era o suprassumo da música. Pensei comigo: se ele tem uma cantora no grupo, será que não aceitaria um cantor?".

No dia seguinte, Jean terminou os compromissos em Ribeirão Preto e foi até Sertãozinho tomar café da tarde com Julia, hábito que manteve até mudar para São Paulo, em 2009. Entre uma garfada e outra, comentou sobre o maestro e perguntou havia alguma maneira de entrar em contato com ele. Primeiro, a mãe afetiva sugeriu buscar ajuda com o professor Rubens, mas foi logo convencida de que Ricciardi talvez não tivesse tanta proximidade com o maestro. Foi aí que surgiu o nome de Mônica Bergamo na conversa.

Embora amigo da jornalista, Jean William não se sentia íntimo o suficiente para pedir um favor dessa envergadura, mas decidiu tentar. Em tempos sem WhatsApp, o longo processo foi realizado por telefone. Primeiro, Julia ligou para Maristella, que ouviu a história e ligou para Mônica. Ética, como uma boa jornalista deve ser, respondeu que não ligaria espontaneamente para o maestro, porque que não devia favor a ninguém. Disse que, se um dia João Carlos ligasse para ela e durante a conversa, surgisse a possibilidade de falar e ela se lembrasse de comentar sobre o tenor, tudo bem. Passaram-se alguns dias e o telefone dela tocou. Era o maestro, que em meio a vários assuntos, perguntou se ela conhecia algum talento para lhe indicar. Foi aí que contou sobre o menino que fora adotado pela sogra da irmã e que morava em Sertãozinho. Perguntou também se o experiente músico não poderia mandar alguém da sua confiança para ouvi-lo no interior.

Mônica Bergamo também disse não entender de música o suficiente para avaliar Jean, mas que seu pai, Chico, dizia que ele é bom. João Carlos Martins, cheio de energia e firme, só respondeu: "Imagina, eu mesmo vou ouvi-lo. Peça para ele estar amanhã cedo em casa. Ele tem uma chance".

4
A ESTRELINHA E O MAESTRO

Quando o rapaz franzino, de origem humilde, afrodescendente, criado pelos avós na cidade de Barrinha, no interior de São Paulo, tocou a campainha do apartamento do maestro João Carlos Martins, em abril de 2009, ele estava muito nervoso. Afinal de contas, ia entrar na casa de um mito da música clássica mundial para mostrar o seu canto.

RICARDO CARVALHO

Maristella parou o carro em frente ao Edifício Caraguatatuba, na Alameda Ministro Rocha Azevedo, no bairro Jardins. Era sexta-feira, 15 de maio de 2009, perto das 11 horas da manhã e a médica residente vinha de uma noite longa de plantão no Hospital Santa Marcelina, em Itaquera. Só queria descansar, mas a ligação de João Carlos Martins para a irmã, Mônica Bergamo, mudou os planos e fez com que ela se colocasse à disposição do amigo Jean, que posou na casa de sua mãe, para levá-lo até o teste. Ele estava nervoso; ela também e até o sono passou.

Ao longo do caminho de 335 km que separa Sertãozinho e São Paulo, Jean não desligou um minuto no ônibus e fez uma longa reunião mental do que deveria fazer para agradar o exigente gosto musical do maestro, uma das referências vivas no mundo a compreender e tocar, de cabo a rabo, a complexa e extensa obra do compositor alemão Johan Sebastian Bach (1685-1750).

O porteiro foi avisado de que Jean poderia subir e logo que o cantor se aproximou do local, o funcionário do prédio abriu o portão branco e orientou o jovem a ir à cobertura, no 11º andar. A grande porta entalhada em cobre estava semiaberta e ele ouviu João Carlos Martins dizer: "Entra, querido!". Ao avistar a grande sala, onde um piano preto de cauda repousava ao lado do bar, viu também um homem de cabelos longos e desgrenhados, que nem em seus melhores sonhos imaginara conhecer. Imagine entrar no apartamento dele para fazer uma audição. Jean observou os detalhes à sua volta e percebeu que havia mais convidados, e bem conhecidos por sinal. Em um sofá, o padre Marcelo Rossi e o bispo Fernando conversavam animadamente. Estavam ali não para cantar, e sim, acertar os detalhes de uma apresentação do maestro no Santuário Mãe de Deus, localizado na Zona Sul de São Paulo.

Jean William, que tremia pensando em como encararia aquele ícone da música de frente, ficou ainda mais pálido ao ver o religioso famoso que os avós assistiam pela TV. João Carlos, desconfiando daquela figura franzina que se dizia tenor, pensou: "Que fria que eu entrei".

Primeiro, conversaram, mas Jean não se lembra de quase nenhuma das perguntas feitas pelo maestro. Almoçaram e então, chegou a hora da verdade. À época, o maestro tinha dificuldade para tocar piano por conta de dores nas mãos, fruto de uma queda que sofreu jogando bola em Nova Iorque, em 1965. Mesmo assim, sentou-se diante do instrumento e explicou a Jean quais músicas poderia executar dadas suas limitações físicas. Escolheram a ária *Ombra mai fu*, que faz parte da ópera *Xerxes*, do compositor alemão Georg Friedrich Händel (1685-1759). Não sem antes uma provocação:

"– Nome de artista você já tem. Vamos ver se sabe cantar." A fria que ele pensou ter entrado na verdade o assustou positivamente. João Carlos Martins estalou o canto da boca, uma de suas manias, e perguntou se o tenor já tinha algo programado para o dia seguinte. Ele tinha um casamento marcado para fazer ao lado de Sônia Benedine, em Ribeirão Preto. O experiente músico viu que tinha diante de si um diamante para lapidar e pediu que cancelasse o compromisso e o acompanhasse em uma apresentação para 2.000 pessoas no Clube Pinheiros. Jean topou na hora.

Os dois religiosos também aprovaram a performance e Jean brinca que eles estavam lá para abençoar o teste. Outra pessoa que estava no apartamento era a mulher de João Carlos, a advogada Carmen Valio, que ao sair do escritório e ir até a sala, perguntou se os convidados e o marido ouviam alguma gravação, de tão perfeita que a voz parecia. Ao inteirar-se de que era um artista cantando ao vivo, pediu para que repetissem a ária e gravou com uma câmera o único registro disponível daquela tarde, um vídeo curto, com um minuto de duração.

Já era quase noite quando Jean saiu da casa do maestro e meio atônito, subiu a Ministro Rocha Azevedo em direção à Avenida Paulista para encontrar Thais Duarte, que comemorou o fato de o melhor amigo dela e da irmã ser o primeiro cantor a ser contratado pela orquestra que elas trabalham até hoje. Maristella, refeita do plantão, ouviu o celular tocar e o amigo lhe contou eufórico a novidade. Depois, foi a vez da irmã, Mônica, que ficou feliz ao saber que em tão pouco tempo Jean havia sido convidado para cantar em um evento ao lado de João Carlos Martins.

O dia seguinte reservou mais uma surpresa. Na hora do almoço, uma produtor da Bachiana ligou para Jean porque precisava que ele cantasse em outro evento, à tarde, no teatro do Centro de Integração Empresa-Escola (CIEE), localizado no centro da capital paulista. Ele foi e repetiu a dose de Händel lá e no Clube Pinheiros, deixando de pé e boquiabertas duas plateias. Saiu feliz da vida, mas com uma pergunta que martelava: o que vai ser de agora em diante?

Em relação à orquestra mantida pelo Serviço Social da Indústria (SESI), ganhou o posto de tenor titular, cargo que exerceu de maneira exclusiva entre 2009 e 2010, passando a receber uma bolsa auxílio no valor de R$2.100,00 a cada mês. O ano de estreia frente à Bachiana reservou outros momentos inesquecíveis. Em 27 de outubro, Jean cantou no aniversário de 64 anos do então presidente Luiz Inácio Lula da Silva, no Centro Cultural Banco do Brasil (CCBB), em Brasília. O neto de Joaquim e Iracy custava a acreditar nas coisas que se materializavam à sua frente, e a cada apresentação, ganhava mais notoriedade e confiança.

Em 10 de agosto de 2010, Jean viveu mais uma das coincidências que permeiam sua vida, ao dividir o palco da Sala São Paulo com a cantora

Simone, sua primeira referência na interpretação da música com *Então é Natal*. A apresentação ocorreu no evento que celebrou os 60 anos da Associação de Assistência para a Criança com Deficiência (AACD). "Imagina eu ter cantado a música de maior sucesso dela e que me possibilitou sonhar em ser cantor um dia e, de repente, estar do lado dessa artista". O cantor sertanejo Daniel também era um dos convidados da noite solidária e o trio interpretou *Trem das Onze* (Adoniram Barbosa), canção eternizada pelo grupo paulistano Demônios da Garoa. Jean também estreou no prestigiado Teatro Alfa, no evento que celebrou os 100 anos das relações entre Brasil e Alemanha. O repertório misturava Bach e Pixinguinha.

No mesmo ano, o cantor fez a primeira de muitas viagens aos Estados Unidos. Ao lado de João Carlos Martins e da Bachiana, participou de um concerto bancado pela *Brazil Foundation* no Metropolitan Museum, em 26 de setembro. Foi nos corredores da instituição que Jean, ainda com os cabelos encaracolados, conheceu a *top-model* brasileira Giselle Bündchen. Na sequência, viajou a Tarrytown, cidade 51 km distante de NY, para se apresentar no Castelo da Revista Caras. Thais e Carol, que dividiram quarto com o cantor, lembram que, nem em seus melhores sonhos de princesa imaginavam que as coisas fossem andar tão depressa. A violoncelista e a violinista, que perderam a mãe no início da faculdade, enfrentaram dificuldades financeiras e assim como o amigo, precisaram batalhar pelo sonho do hoje e do amanhã.

De volta ao Brasil, Jean conhece Ivo, filho do jornalista Vladimir Herzog (1937-1975), e amigo de João Carlos Martins. O engenheiro, que está à frente da fundação que homenageia o pai Vlado, morto durante a ditadura militar no Brasil (1964-1985), o pôs em contato com pessoas que quiseram apoiá-lo. O primeiro foi Martinho Lutero Gallati de Oliveira (1953-2020), responsável pelo Coral Luther King, no Brasil, e pelo Canto Sospeso, na Itália. "Um dia, o maestro estava ensaiando e convidei o Jean para ir encontrá-lo e cantar com ele. Eu saí da minha zona de conforto e ajudei a dar um empurrãozinho no início da carreira dele. O resto ele conquistou por mérito e talento. Jean queria ir a Juilliard School of Music, em Nova Iorque, mas Martinho não o via com esse perfil. Dizia que ele deveria se especializar na Europa". O barítono italiano Davide Rocca também ouviu, avaliou e aprovou Jean William.

O segundo a ajudar o tenor em construção foi o empresário Sergio Napchan, que, por meio da Fundação Arymax, juntou uma boa quantidade de dinheiro para que Jean pudesse fazer um curso de especialização na Itália. O restante dos cerca de 10.000 euros necessários para a viagem e estadia foram reunidos com o auxílio de fãs-doadores, como Maria Luisa e João Gilberto Fogaça, pais do chef de cozinha Henrique Fogaça.

Com o aporte financeiro garantido, Jean viajou a Milão, cidade em que viveu entre o fim de 2010 e parte de 2011, apoiado pelo projeto Vocalia e com a tutoria de Davide, que o levou para conhecer e ter aulas com Luciana Serra, diretora do Scala de Milão. A soprano, considerada um ícone vivo da música italiana, foi a madrinha em seu primeiro recital europeu. Para Rocca, ele nunca olhou Jean como preto ou branco. "É uma alma que canta e naquela época da Itália, era como uma esponja e absorvia tudo rápido. Além de uma voz preciosa e particular, sabe bem usar o drama, o sentimento e a rapidez na interpretação, elementos muito difundidos pelo Barroco italiano. A música erudita geralmente é mais racional. Ele põe o coração junto".

Jean William também pôde aperfeiçoar seus conhecimentos de ópera, ao participar da montagem *Amahl and The Night Visitors*[7] (Gian Carlo Menotti), no papel do rei mago Baltazar, e de *La Regina delle Nevi* (Pierangelo Valtinoni e Paolo Madron)[8], encenada nas noites de 30 de abril e primeiro de maio de 2011, no Teatro Comunale di Vicenza, e onde o tenor brasileiro teve seu primeiro papel principal. Ele lembra que, ao fazer a audição para viver o menino Kay, um dinamarquês, foi impossível não reviver um episódio doloroso dos tempos de faculdade. "Uma professora chegou para mim, disse que eu tinha talento, mas que não deveria investir em música clássica e ópera pois, segundo ela, não existiam príncipes negros nelas", conta o tenor, que, ao receber o sim do diretor italiano Gianni Gastaldon para ser o protagonista, questionou se ele tinha certeza da escolha. Ouviu uma resposta bem diferente do que esperava: "Para mim, ópera é música. E música não tem cor. O papel é seu."

Julia e Pedro viajaram à Itália assistir à montagem de *La Regina dele Nevi*. O casal recorda de mais um momento no qual a voz de Jean ultrapassou preconceitos e barreiras. Os três, com alguns amigos, foram comemorar em um restaurante no centro de Vicenza, tomaram bons vinhos e entre uma taça e outra, o pai afetivo começou a chamar o garçom num italiano macarrônico:

– Amice, deixa el cantare. Cantante.

O garçom, receoso, enrolava para autorizar, mas olhava para o grupo animado e com a conta alta. *"Va bene!* Quem vai cantar então?" Eis que Jean se levanta, e olhos desconfiados o cercam. A desconfiança dura só até a música começar a sair da sua boca. A dona do lugar, incrédula com o que via e ouvia, mandou entregar uma garrafa especial de vinho para os *brasiliani* e chegou até a fazer uma proposta para contratá-lo.

Quando retornou ao Brasil, no meio de 2011, a agenda do cantor não parava de crescer. Por indicação de João Carlos Martins, viajou para fazer um concerto em Dubai no lugar dele e pôde escolher quais músicos o acompanhariam. No piano, lembrou do amigo de faculdade Thiago de Freitas, que já estava acostumado a receber convites de surpresa e em cima da hora. Ele lembra que em 2010, quando já vivia em Uberlândia (MG), atendeu uma ligação do amigo. "Era uma segunda-feira e ele ligou para saber o que eu estava fazendo. Disse que estava de férias do trabalho na Universidade de Uberlândia e fui convidado a ir para São Paulo no mesmo dia, pois precisava que eu o acompanhasse na terça até Palmas, no Tocantins, para um concerto. Ficamos mais de um ano sem nos ver, até que o telefone toca de novo com o convite para ir para os Emirados Árabes Unidos (EAU). Foram dias muito legais e num lugar muito diferente da nossa realidade e que pudemos fazer música de qualidade".

Jean William também dividiu, em 15 de junho do mesmo ano, o palco da Sala São Paulo com a atriz e cantora Alessandra Maestrini por causa de um projeto patrocinado pela marca de remédios EMS, que visava incentivar a boa música. A artista o conheceu nessa noite, por meio de João Carlos, e encantou-se com a elegância, o carisma e a garra do tenor da Bachiana. "Foi um prazer e uma surpresa cantar ao lado dele e desde então, estou bem atenta a sua bela trajetória".

66

Em setembro, viajou até os Estados Unidos, onde faria a estreia em dois palcos muito importantes para quem vive e aprecia o universo clássico. Em 22 de setembro, esteve com o maestro e a Bachiana no Broward Center for the Performing Arts, em Fort Lauderdale (Florida). Três dias depois, levaram a *Melodia Sentimental* (Heitor Villa-Lobos) ao Avery Fisher Hall, no Lincoln Center, em Nova Iorque. Até hoje, Jean William é o solista mais jovem a se apresentar na história da casa musical norte-americana, fundada em 1956. Ele tinha 26 anos. Também pôde realizar um sonho antigo: fazer uma audição com Brian Zeger, diretor da renomada Juilliard School, e trabalhar o aprimoramento vocal.

Nessa mesma época, Jean William foi apresentado a Fred Rossi pelo produtor musical Vando Mantovani, ex-Odeon e Som Livre. Fred seria o empresário do tenor entre 2012 e o início de 2015. A estrutura em volta do artista só crescia e ele decidiu iniciar a busca por uma carreira solo, por mais que se sentisse realizado na Bachiana. E não só isso: as apresentações e públicos ficavam cada vez maiores. 2011 terminou em um evento com João Carlos Martins, 65 músicos da Bachiana e a bateria da escola de samba Vai-Vai, que no mesmo ano havia vencido o Carnaval paulistano com um enredo sobre a vida do maestro intitulado *A Música Venceu*. Todos estavam em cima de um palco montado na Avenida Paulista para o Show da Virada, promovido pela Rede Globo.

O maestro, com uma camisa branca e uma calça preta, o mesmo figurino de Jean William, anunciou que seria a primeira vez na história brasileira e mundial no qual a *Ave Maria* de Gounod seria entoada em uma festa de Réveillon. João Carlos Martins abriu a deixa para que o tenor entoasse a canção para três milhões de pessoas quando o relógio marcou o primeiro minuto do ano de 2012. Uma chuva de pétalas de rosas brancas completou o cenário. O grupo voltou a se encontrar no Vale do Anhangabaú, em 25 de janeiro de 2012, para celebrar os 458 anos de São Paulo.

O novo ano trouxe resoluções importantes na vida de Jean William, que começou a amadurecer a decisão de dar um tempo nas apresentações com a Bachiana buscar uma carreira solo, que passou a ganhar mais corpo a partir do segundo semestre de 2012. Muitas pessoas não entenderam a decisão e alguns veículos de imprensa noticiaram à época que ele e João Carlos Martins teriam se separado, algo que o artista não concorda. "Nunca tive problema e nem ruptura com o maestro. Ele não gosta de despedidas e quer ter todo mundo por perto. Quando disse que iria seguir outro caminho, entendeu. Para nós, foi um até breve".

Toda vez que Jean William fala sobre o amigo, considerado por ele como o maestro mais importante da história do Brasil, a gratidão fica nítida. "Com ele, aprendi a ser homem. Pode se dizer que foi a segunda virada da minha vida. A primeira, quando conheci Dona Julia, e depois, com João Carlos Martins, com quem aprendi a dividir o palco e a voltar para o bis sem morrer de vergonha. Ele sempre dizia: Volta logo, o povo está te aplaudindo".

O reencontro nos palcos da música e da vida não demoraria a acontecer. Nem um pouco...

SEGUNDO ATO

5
CANTARE PER NON MORIRE

*Cuando tenga la tierra/ formaré con los grilos/
una orquesta donde canten los que piensan.*

ANGEL ARIEL PETROCELLI E DANIEL CANCIO TORO

A trajetória de Jean Wiliam sempre esbarrou em desafios, que começaram bem cedo. Mesmo com a projeção dada pelo maestro João Carlos Martins e a Orquestra Bachiana Filarmônica SESI-SP, ainda havia muito a superar. Ser artista no Brasil é um misto de resiliência e força de vontade que não se esgota. Mas quando a recompensa chega, é um estrondo.

Em 11 de agosto de 2008, o estudante de Canto e Ópera integrou um grupo especial da Orquestra Sinfônica de Ribeirão Preto para celebrar os 180 anos da Faculdade de Direito do Largo de São Francisco, criada em 1827. O evento, organizado na Sala São Paulo, que já seria grandioso por si só, ganhou mais importância para Jean, escolhido como um dos solistas. Essa noite também marcou sua estreia nos palcos paulistanos. Só que ao chegar ao espaço, a organização da orquestra viu que a dimensão da coisa era maior do que calculara, pois ali também seriam comemorados os 110 anos da Academia Brasileira de Letras (ABL), fundada em 1897. Na plateia, personalidades como a escritora Lygia Fagundes Telles (1923-2022), considerada a "dama da literatura brasileira" por obras como *Ciranda de Pedra* (1954), *Antes do Baile Verde* (1970) e *As Meninas* (1973).

Segundo depoimento de Fábia Tolvo, também selecionada para cantar na dupla homenagem, Yuka decidiu virar a solista da noite e que

Jean não estava pronto ainda para encarar um público tão qualificado. A professora disse que não teve responsabilidade sobre o episódio e que era tão convidada quanto eles para o evento. "Não fazia parte da organização, mas se eu precisar tomar uma atitude assim para preservar o aluno, tomo. A voz é uma coisa muito preciosa e quando digo, como educadora, que a pessoa não está pronta, não é que ela seja capaz, mas apenas que não chegou a hora".

Para Jean, foi uma frustração enorme. Ele chorou no ombro da amiga contralto durante todo o caminho até Sertãozinho. "Disse para o Jean: Você ainda vai pisar muitas vezes naquele e em outros palcos maiores como protagonista". Não deu um ano do ocorrido e o menino de Barrinha conheceu e passou a se apresentar ao lado de João Carlos Martins.

Ao terminar a faculdade, em 29 de novembro de 2009, Jean apresentou 16 canções no programa do recital de formatura. Uma delas foi o *Trezinho do Capira*[9] (Heitor Villa-Lobos), a antepenúltima daquela noite na Sala de Concertos da Tulha, em Ribeirão Preto. No palco, agradeceu a orientadora vocal por ensiná-lo a valorizar-se de dentro para fora. Pode soar como uma resposta fina pelo ocorrido no ano anterior, mas ele respondeu da melhor forma que sabe: Cantando. E assim foi:

> "Lá vai o trem com o menino
> Lá vai a vida a rodar
> Lá vai ciranda e destino
> Cidade noite a girar
> Lá vai o trem sem destino
> Pro dia novo encontrar
> Correndo vai pela terra, vai pela serra, vai pelo mar
> Cantando pela serra do luar
> Correndo entre as estrelas a voar
> No ar, no ar, no ar... (...)

O menino caipira ainda precisou adaptar-se a ambientes e estruturas pouco familiares. A primeira: passou a ter um empresário só para ele. A segunda: também passou a contar com uma assessora de imprensa, chamada Cláudia Rolim, que, indicada por Fred, o levou para falar sobre sua vida e música em programas de TV que antes só eram acessíveis nos sonhos e no aparelho de tubo de 20 polegadas que ainda funciona na sala da casa dos avós.

A fama crescente fez com que se sentasse no sofá de Hebe Camargo (1929-2012) e de Jô Soares (1938-2022). Conheceu e fez amizade com outras personalidades do meio artístico, como o apresentador Serginho Groisman, a apresentadora Ana Maria Braga e o cantor Ronnie Von, que de 2004 a 2019, esteve à frente do programa Todo Seu, exibido pela TV Gazeta e onde Jean William gostava de ir dar uma palhinha.

Ronnie ouviu falar sobre o tenor do interior de São Paulo pela boca de João Carlos Martins, amigo do cantor carioca há mais de 50 anos. Segundo o Príncipe da Jovem Guarda, que é fã de música clássica, o maestro recomendou que ele assistisse a um concerto de seu pupilo.

Ele ficou encantado com o que presenciou e quis que a produção do Todo Seu levasse Jean para cantar lá. No dia 2 de fevereiro de 2013, Jean William fez sua estreia no programa, onde estaria mais três vezes. "Eu queria conhecer o artista, que achei sensacional, mas vi que ali havia um ser humano de primeira grandeza. Me sinto vingado, no bom sentido, de ele ter dado certo em um momento em que a arte por aqui tem sido tão brutalmente desprezada. Ela nunca foi prioridade aqui".

Também ficou próximo da cantora paraense Fafá de Belém, com quem sonhava em dividir o palco desde a adolescência e realizou não uma, mas ao menos cinco vezes o desejo. Foram apresentados por Ivo Herzog, que convidou a dupla para cantar no aniversário de um ano do Instituto Vladmir Herzog, em 27 de junho de 2010. Eles cantariam a música-tema de lançamento da organização não-governamental Mais Feliz, na Sala São Paulo. Nesse dia, depois da passagem de som, uma pessoa foi até o cantor e repetiu a frase dita por Fafá: "Traga Jean em meu camarim". Na conversa, ela queria saber se ele dava aula de canto. "Respondi que não e aí passei a contar sobre as pessoas com quem havia feito aulas, minhas referências".

Para Jean, aquele foi o primeiro encontro. Mas não lembrava que, em 2009, Fafá já ouvira falar dele e ido um sábado para assistir a um quinteto de cordas, formado por ele, as gêmeas, Camila e o produtor musical Ney Marques, que, em 2013, viria a ser um dos responsáveis pelo CD 2 *Atos*, na Charutaria Ranieri, localizada na Alameda Lorena. O grupo animava o ambiente esfumaçado e repleto de personalidades da política e das artes uma vez por semana. Circulavam por lá o jornalista Ricardo Kotscho, o ex-prefeito de São Paulo, Celso Pitta (1946-2009), o ator Luiz Gustavo (1934-2021) e João Carlos Martins, que ajudou a criar o projeto musical e, frequentemente, dava uma palhinha ao piano. Mas a memória com a intérprete de *Abandonada por você* (Michael Sullivan / Paulo Sérgio Valle) não existia com aquele lugar.

O que o cantor lembra bem é do reencontro deles no ano seguinte, quando foram convidados para o Castelo de Caras, nos EUA. "Ela me pediu para que eu fosse ao quarto dela, assim como na Sala São Paulo. Estava arrumando os cabelos e tenho sempre a memória de encontrar a Fafá com um cabelereiro a tiracolo". Após o concerto no espaço da revista brasileira no exterior, saíram para almoçar, ao lado do ator e barítono Sandro Christopher e do fotógrafo Fernando Mucci, que registra a carreira de João Carlos há pelo menos 20 anos e possui um grande acervo fotográfico da trajetória profissional de Jean William.

A amizade só crescia e em meados de 2012, ele foi convidado a ir à casa de Fafá, onde cantaram a tarde inteira. Quando a ideia de fazer o CD *2 Atos* começou a ganhar forma, Jean se encheu de coragem e procurou a cantora paraense para uma participação especial. Ela aceitou e gravaram o bolero *Noche de Ronda* (Maria Tereza Lara).

Em 31 de julho de 2016, cantaram durante a quarta edição do movimento Você e a Paz, realizado no Largo da Estação da cidade de Amparo. Reencontram-se nos palcos da vida em 14 março de 2020, quando a dupla esteve no Minas Tênis Clube, em Belo Horizonte, para o show *Grandes Temas*, com direção do ator Guilherme Leme.

PORRA, VOCÊ VAI TER QUE MORRER

Se viver de arte no Brasil já é difícil, imagine ser homenageado em vida, já que há uma piada de que, para um artista ser reconhecido, antes precisa ir dessa para uma melhor. Jean William é uma das exceções. No fim de 2011, o ex-prefeito de Barrinha, Said Ibraim Saleh, teve uma ideia mirabolante: construir um teatro na cidade, que mesmo localizada em uma das maiores regiões sucroalcooleiras do mundo, possuí índices sociais alarmantes e muitas necessidades, não apenas culturais. O antigo mandatário, que ficou no poder entre 2005 e 2012, é um fã do tenor e sempre o contratou para os mais diferentes eventos locais, incluindo a 10ª Festa do Peão, realizada em agosto de 2006.

Entre janeiro e junho de 2012, a prefeitura ergueu o prédio que deveria servir como o equipamento cultural de Barrinha. No papel, o andar de baixo abrigaria reuniões, exposições e encontros. No de cima, onde foi construído um auditório com 310 lugares, o tenor passaria a ser figura constante e patrono do Anfiteatro Jean William Silva. Said ainda eternizaria seu nome na placa comemorativa de inauguração, revelada em 29 de junho daquele ano. Foi o último ato importante dele à frente da prefeitura e anterior à saída da vida política, após sofrer algumas condenações pela Justiça, como um pedido de prisão por demitir funcionários que não o apoiavam e por repasses impróprios para a Câmara Municipal.

O neto de Joaquim e Iracy, que na época ainda era o tenor titular da Bachiana, gelou ao receber o telefonema do ex-prefeito e de sua família comunicando a homenagem, e foi logo contar a boa nova a João Carlos Martins: "Maestro, vão construir um teatro e colocar meu nome. Ele, todo brincalhão e com seu sotaque paulistano, virou para mim e disse: 'Porra, você vai ter que morrer!'. De vez em quando, fazia piada com a orquéstra: "Despeçam-se do Jean porque ele vai virar nome de prédio e vai poder cantar pela última vez".

Os festejos da inauguração do anfiteatro duraram uma semana, entre 29 de junho e 5 de julho, e contaram com apresentações de Jean William e da Filarmônica de Ribeirão Preto, uma noite de tango e até mesmo com um show de encerramento realizado pela banda RPM, liderada pelo cantor Paulo Ricardo.

Atualmente, o espaço está sob responsabilidade da Secretaria de Educação de Barrinha, pois foi construído em uma área pertencente à Escola Municipal Armínio Giraldi. Esse detalhe faz com que o espaço não possa receber nada além de eventos ligados à área educacional da cidade. A ex-prefeita, Maria Emilia Marcari (PTB), explica que já houve procura para que se fizessem reuniões religiosas, mas que foram recusadas, assim como eventos culturais. "Não podemos cobrar pelo uso dele. Para fazer qualquer evento cultural e sem custos, é preciso que a Câmara autorize que o espaço fique desvinculado da pasta da Educação", explica.

Mila, como é conhecida, assumiu a prefeitura após a renúncia de Mituo Takahashi, o Katiá (PPS). Em 14 de outubro de 2019, o ex-prefeito foi afastado por suspeita de desviar R$39 mil dos cofres municipais. A prefeita conta que há planos de tornar o anfiteatro mais ativo e reformá-lo. Apesar do pouco tempo de funcionamento, o prédio sofre com a má conservação. Em dezembro de 2019, a letra I do "Municipal" na fachada já não existia mais. Além disso, há sinais de rachaduras tanto na parte externa quanto na interna. Como não foi reeleita nas eleições municipais de 2020, a missão passou para o atual prefeito, Zé Marcos (PL), que agora, deve manter um dos raros equipamentos culturais de Barrinha em condições de funcionar bem.

Quanto a Jean, ele foi amadurecendo sua relação com o lugar e outras homenagens, mas ainda custa a acreditar quando vê seu nome lá na frente. "Não é só meu nome que está lá gravado. É a minha história. É meu vô que, depois de cortar cana o dia inteiro, voltava para casa e mesmo cansado e com caibras nos dedos, pegava minhas mãos e juntos, dedilhávamos o tecladinho vermelho de criança, meu primeiro instrumento. É minha vó que, quando chovia, me ensinava a cantar. É a Dona Julia me empurrando. Tem de muita gente lá que foi e é importante. Eu só sou um símbolo".

O prédio como era em 2014...

(...) e como estava no fim de 2019.

Jean foi homenageado duas vezes em feiras do livro na região de Ribeirão Preto. A primeira, em 11 e 12 de dezembro 2009, quando foi eleito o patrono da 1ª Feira de Leituras Jean William Silva: *Entre Linhas, Línguas e Linguagens*, realizada pela Secretaria Municipal de Educação de Barrinha, no Ginásio Municipal de Esportes Prof. Jamil Calil. Já de 1º a 4 de outubro de 2013, a Escola Municipal Profa. Elvira Arruda de Souza o escolheu como a personalidade para a 11ª edição da Feira do Livro de Sertãozinho. O tenor participou de uma palestra para os alunos da 1ª à 3ª série do Ensino Fundamental e recebeu como presente um livro de desenhos produzidos por eles, batizado de *Jean, um exemplo de vida*.

CANÇÃO PARA FRANCISCO

O designer gráfico e iluminador Cizo de Souza teve uma ideia enquanto desenvolvia um projeto de orientação técnica do Teatro Dom Bosco, pertencente ao Colégio Salesiano Santa Terezinha, em São Paulo. Era março de 2013 e a ordem religiosa era uma das responsáveis pela organização da XXVIII Jornada Mundial da Juventude, marcada para os dias 23 a 28 de julho do mesmo ano, no Rio de Janeiro. Ele pensou: "Porque não sugerir o nome de Jean William para cantar lá?".

Essa não seria uma jornada qualquer, pois em 11 de fevereiro de 2013, a Igreja Católica se chocou com a renúncia do então papa Bento XVI e a eleição de um novo representante máximo, o argentino Jorge Bergoglio, que veio a escolher o nome papal de Francisco. O Rio de Janeiro, que esperava uma movimentação de mais de dois milhões de pessoas, vindas de 170 países, testemunharia a primeira aparição do novo pontífice para além das fronteiras do Estado do Vaticano.

Cizo então procurou o gestor cultural dos salesianos, Luciano Mattos, e a partir da conversa, arranjou a primeira reunião com a cantora Ziza Fernandes, que ao lado do produtor Guto Graça Mello, cuidava da programação musical do evento religioso. Nessa época, o iluminador mantinha uma produtora chamada Foco, no centro da capital paulista, e como havia ficado mais próximo de Fred Rossi, empresário de Jean, ofereceu uma sala na casa alugada para que ele pudesse montar um escritório lá.

Os dois viraram amigos por meio da música e Cizo, que gosta mais dos bastidores, passou a Fred a responsabilidade de sentar-se com os organizadores do evento para acertar a participação do tenor, que, após conversar com Ziza e Luciano no Colégio São Camilo, recebeu uma ligação do ex-empresário dizendo: "Você vai cantar para o papa. Está tudo certo". Passou também as condições para participarem: Não haveria cachê, e o custo das viagens para o Rio por conta dos ensaios e do evento deveria ser bancados pelos interessados.

O momento não era para se pensar em dinheiro e sim, na exposição global que Jean teria. Alguns dias depois da primeira reunião, foram chamados para fazer um ensaio no estúdio do Guto Graça Mello, no Rio de Janeiro. Pegaram o carro do empresário e foram. Lá, Jean conheceu a cantora com que faria par da apresentação do hino na abertura da Jornada, Maíra Jaber.

Voltaram para São Paulo e Jean William, empolgado com a novidade, pensou no orgulho que os avós católicos sentiriam, pegou o celular e além das ligações para Barrinha e Sertãozinho, resolveu compartilhar a notícia em um post no Facebook, rede social que ele usava com frequência na época. Junto de um monte de curtidas e comentários positivos, um contrário destacou-se. Era de uma ex-vizinha do bairro em que ele viveu até os 15 anos, com teor indignado e de dúvida: "Como ele vai cantar para o papa se não sai do Centro Espírita? Não tem mais fé católica". Jean leu, respirou fundo, mas decidiu responder mentalmente à provocação. Mal sabia ela que o papa Francisco é um dos líderes religiosos mais progressistas e abertos ao diálogo com outras religiões e doutrinas.

A indignação com alguns comentários maldosos durou pouco, porque Jean só pensava em como seriam as duas apresentações que faria na Jornada Mundial da Juventude e em como ele se percebia especial por ser escolhido para aquele momento. Também veio a lembrança de quando, aos 12 anos, viu Fafá de Belém enrolada em um véu branco entoando *Eu sou de lá* (Padre Fábio de Melo) para o papa João Paulo II (1920-2005). Em 1997, o religioso polonês visitou a festa do Círio de Nazaré, em Belém (Pará) e ouviu da cantora mais famosa do estado a canção que é considerada o hino do evento.

Fafá de Belém também participou da edição carioca da Jornada Mundial da Juventude, e repetiu os versos *eu sou de lá/ onde o Brasil verdeja a alma e o rio é mar/ Eu sou de lá/ Terra morena que eu amo tanto/ meu Pará*.

Passaram-se os meses e finalmente, o dia 23 de julho chegou. Em um palco montado na praia de Copacabana, Jean William e Maíra se posicionaram para aguardar a cerimônia de abertura, iniciada com um discurso de boas-vindas de Dom Orani Tempesta, arcebispo do Rio de Janeiro. Chovia, mas os fiéis não arredavam pé, agitavam bandeiras dos mais diferentes lugares do globo e acenavam na esperança de chamar à atenção de Francisco, que, após a benção, ficou ao lado do religioso brasileiro para ouvir a canção *Jesus Christ you are my Life* (Marco Frisina).

Memórias passavam feito filme na cabeça de Jean William, de terno preto, camisa cinza e gravata borboleta. Por dentro, pensava: "O universo me deu um recado, mas não posso ficar nem muito acima nem muito abaixo". Para ele, é preciso acreditar na força do sonho, que se concretizava diante dos olhos e de uma multidão energizada de fé. A única coisa que faltou acontecer foi Jean ser apresentado para o papa, algo que não ocorreu.

Cinco dias depois, Guaratiba, na Zona Oeste do Rio, receberia o último evento oficial da Jornada. Para isso, iniciou-se a construção do Campo da Fé, obra que nunca chegou a ser concluída pela prefeitura local. Somando isso a muita chuva e desorganização, não foi possível receber os fiéis e o papa naquele 28 de julho, um sábado. Às pressas, a organização transferiu tudo para a estrutura que estava montada em Copacabana. No meio dessa bagunça, Jean se preparava para cantar a *Ave Maria* de Schubert enquanto, nos bastidores, sua equipe não se entendia. Fred, o único credenciado dela, gelou, assim como o tenor, quando o som começou a apresentar problemas técnicos e prejudicou a apresentação. Cláudia Rolim, que conseguiu uma credencial pela Rádio Itália (RAI) estava possessa pelo tratamento que seu cliente recebia. Segundo ela, nem camarim próprio houve e uma das coisas que mais a machucou foi o fato de não terem anunciado Jean naquele dia, que seria a glória individual dele, com visibilidade para boa parte do mundo.

"Meu telefone tocou e os repórteres perguntavam: Cláudia, diga que é um ensaio e que ele vai cantar de novo. Há poucas imagens registradas do que, para mim, era para ser o momento solo da vida dele e a coisa não aconteceu como deveria ter acontecido", revela a ex-assessora de Jean William. Segundo ela, Fred deveria ter agido para evitar isso. Após o evento, foram todos jantar e o ex-empresário relembra detalhes da conversa e seu ponto de vista. "Você está num evento gigantesco, da Igreja Católica, o Jean ainda se consolidando. Cláudia disse que eu deveria fazer algo, chamar a imprensa para reclamar. Vi que reclamar àquela altura não daria em nada, além de expor Jean negativamente contra os organizadores. Fiquei chateado, mas segue em frente". Os dois continuaram trabalhando no projeto de carreira solo do filho ilustre de Barrinha, pois algo importante estava em curso.

UM TESOURO MUSICAL PARA SER DESCOBERTO

Além das apresentações na Jornada Mundial da Juventude, Jean levava na bagagem cinco anos com a Orquestra Bachiana em muitos palcos, além de muitas matérias na imprensa contando sua história de superação. Faltava ainda, como os artistas buscam a vida inteira, uma maneira de "vencer" a morte, seja deixando um livro escrito, um filme, um quadro. No caso dele, gravar um CD seria uma boa tentativa, mas como fazer isso e com quais recursos?

Mais uma vez, o destino jogou a favor dele. Ney Marques, que o conhecia e tocava com ele desde 2009, foi incumbido, naquele ano, de ajudar João Carlos Martins a ensinar um pouco do seu universo aos sertanejos Chitãozinho e Xororó e aprender com eles também. O maestro sugeriu que uma das faixas para o show que fariam em 8 de novembro, na Sala São Paulo, deveria ser a *Serenata* de Schubert, mas com uma versão brasileira.

Ney se lembrou do produtor e músico Edgar Poças, que possui uma relação grande com essa canção. Ligou para o amigo de muitos anos, perguntou se ele ainda tinha a partitura e ouviu um sorriu do outro lado da linha: "Que coincidência, estou com ela aqui no piano e lendo aos poucos", disse Poças, que conheceu *Ständchen* (serenata em alemão) ainda jovem e por conta da mãe, a pianista Antonietta Burza Barboza Poças (1916-1999), uma das alunas egressas do Conservatório Dramático Musical pelas mãos do professor Mario de Andrade (1893-1945), na Avenida São João, centro de São Paulo. Edgar mantinha o sonho escrever de uma letra para a composição, mesmo que na cabeça dele, soasse como uma heresia mexer na obra de Franz Schubert. Mesmo assim, tomou coragem, lembrou de melodias do compositor e violinista carioca Cândido das Neves (1899-1934)[10] e em poucos dias, *encheu o céu de estrelas* com:

> Olha no céu
> Aquela estrela luz
> Caindo no mar
> Ouve a canção
> Que nasce de mim, tão só
> À luz do luar
> Vem pra mim,
> Oh, minha estrela
> Traz o meu bem querer
> Traz o meu bem querer
> Vem pra mim,
> Oh, minha amada
> Ouve o teu trovador
> Ouve o teu trovador

Ah! vem pra mim
Estrela luz da imensidão
Ah, vem meu amor
Iluminar meu coração
Caiu do céu
A estrela caiu feliz
Nas ondas do mar
Tudo me diz
Que o tempo sorriu pra nós
Pra gente se amar
Vem pra mim
Oh, minha estrela
Traz o meu bem querer
Traz o meu bem querer
Vem pra mim,
Oh, minha amada
Ouve o teu trovador
Ouve o teu trovador
Tal a lua cor de prata
Faz o sol nascer
Minha música serenata
Serenata, serenata
Traz o meu bem querer
Amor vem pra mim
Estrela luz
Do azul sem fim
Amor!

Ao receber letra e música, Ney Marques ligou para Jean e perguntou se ele não poderia gravar a *Serenata* à brasileira para João Carlos Martins, Chitãozinho e Xororó e Edgar Poças avaliarem. Não precisaram de cinco minutos no estúdio e com o arquivo em mãos, Marques procurou o autor da versão e o deixou espantado: "Quem é o cara que está cantando? É maravilhoso!". A Revista da Folha também elogiou e escreveu sobre o assunto:

Pouca gente sabe, mas por trás da dupla também
esteve o cantor estreante. Para ajudá-los a encontrar
o tom certo da música, Jean gravou uma fita no qual

serviu de voz guia para a letra e depois acompanhou os irmãos durante um dos ensaios. "Gostei muito do timbre dele, comenta Xororó. "Tem um grande futuro" (Revista da Folha, 8 de novembro de 2009, p.13).

A parceria mais clássica com João Carlos Martins rendeu, em 2011, a gravação do CD e DVD *40 anos Sinfônico* (Som Livre), trabalho que comemorou as quatro décadas na estrada da dupla Chitãozinho e Xororó. Quanto a Edgar Poças, tornou-se fã de Jean William e começou a maturar que aquele menino talentoso de 25 anos precisava gravar um CD e ele não sossegaria até que encontrasse um jeito de concretizar isso.

A oportunidade demorou pouco mais de dois anos, mas apareceu. Em 2012, o primo de Edgar, o publicitário Zezito Marques da Costa, que na época era o presidente da agência Z+, o procurou e disse que dispunha de uma verba de R$200 mil, via lei de renúncia fiscal do Imposto sobre Circulação de Mercadorias e Produtos (ICMS), para investir em um produto cultural. Foi quando o nome de Jean entrou na conversa. Fred, que estava no início do trabalho com o tenor/cantor, nessas coincidências da vida, conhecia o pai de Zezito, Zequinha, que calhava em ser o melhor amigo paulistano do mais famoso cliente do empresário musical: o cantor, compositor e poeta carioca Vinicius de Moraes (1913-1980).

A partir de muitas conversas e acertos, foi criado um grupo de trabalho, composto por Jean, Zezito, Edgar, Ney, Vando e Fred. O projeto inicial consistia na produção de um CD, mas na visão de Vando, merecia um DVD também, com imagens dos bastidores e da vida do tenor, tanto em sua região natal quanto durante as gravações do *2 Atos*. Em paralelo aos encontros, era preciso fazer shows para manter a carreira e o bolso ativo. Assim nasceu o *Jean William em Concerto Brasil*, que na visão de Fred, tinha por objetivo abrir o leque para que o artista pudesse seguir tanto com apresentações solo, acompanhado apenas de um pianista ou junto de um trio, quanto apresentações coletivas, acompanhado da Orquestra Bachiana e João Carlos Martins. A divisão era feita da seguinte forma:

- **Diamante** (30 integrantes) – Jean William, João Carlos Martins, parte da Bachiana e grupo Bandolim Elétrico.
- **Ouro** (15 integrantes) – Jean William, Bandolim Elétrico, quarteto de cordas e duo de sopros.

- **Prata** (seis integrantes) – Jean William, pianista e quarteto de cordas.
- **Bronze** (dois integrantes) – Jean William e pianista.

Fred e Jean correram atrás de apoiadores e conseguiram o apoio das Usinas São Francisco e Santo Antônio, na região de Sertãozinho. Enquanto aconteciam shows por várias partes do estado de São Paulo e do Brasil, era hora de entrar de cabeça na produção do CD. Segundo anotações de Edgar, as gravações do *2 Atos* duraram de 7 de agosto a 25 de dezembro de 2013. Foram pouco mais de quatro meses de trabalho, com muita intensidade e pensado nos mínimos detalhes, desde a escolha das canções; os artistas convidados, cujos timbres de voz deveriam casar com cada faixa a ser gravada; o estúdio a ser utilizado.

Para gravar o disco um, que reúne canções mais populares, Edgar e Ney, o diretor artístico e o diretor musical "respectivamente", decidiram pelo Gravodisc, templo lendário da música brasileira. O estúdio, fundado em 1960, recebeu gente como Adoniran Barbosa (1910-1982), Elis Regina (1945-1982), João Carlos Martins e, dos anos 1990 em diante, tornou-se o queridinho dos cantores sertanejos. Alguns dos diferenciais do espaço era a sonoridade e a acústica que eles buscavam, além dos microfones e instrumentos adequados. "Tenho muito orgulho desse trabalho e da mistura de gêneros que ele traz. É uma obra-prima", resume Marques.

Já Edgar conta detalhes preciosos dos bastidores das nove músicas que gravaram para o trabalho. A primeira a ser escolhida para o repertório foi *Estrelinha* (Edgar Poças/Nelson Ayres), que Jean, ao ouvir, decidiu que precisava cantá-la. Ao mesmo tempo, o compositor de clássicos do Balão Mágico fez uma lista de sugestões para incluírem no CD, como *Hymme a L`Amour* (Marguerite Monnor/Edith Piaf), *Noche de Ronda* (Maria Tereza Lara) e *All the Things You Are* (Jerome Kern & Oscar Hammerstein II). Também levou o cantor ao estúdio de Ruriá Duprat para ouvir essas músicas interpretadas por diferentes vozes para que eles definissem um norte para seguir.

"Nós também gravamos o *Poema dos Olhos da Amada* (Paulo Soledade/Vinicius de Moraes) com um arranjo único de André Mehmari ao piano. O *Noche de Ronda* tenho a memória da força entre o Jean e a Fafá de Belém, paixão pura no estúdio", conta Poças, que também relembra uma passagem no qual a gravação de *All the Things You Are* não decolava. Sentou-se com o cantor de Barrinha, que não estava confortável e pediu que ele descansasse. Afinal, era um sábado e haviam trabalhado a semana inteira. Mas Edgar não desligou e soube que uma cantora norte-americana, chamada Alyssa Sanders, estava se apresentando em um restaurante da Família Mancini, na Rua Avanhandava. Pensou em um dueto. Foi até o local, conversou com ela, mostrou o playback com o Nelson Ayres e só então a convidou para o CD. Com o sim garantido, voltou para casa e até de manhã, dedilhou a melodia, para dar a ela uma "cara alegre" ao estilo dos compositores Cole Porter (1891-1964), autor de *Night and Day*, e Bart Howard (1915-2004), criador de *Fly Me to the Moon*.

Mesmo com tantas canções primorosas, Ney e Edgar são unânimes ao afirmar que a parte um do 2 *Atos* possui algo único no mundo e responde pelas faixas sete a nove: a *Suíte dos Pescadores* de Dorival Caymmi (1914-2008)[11]. O compositor baiano já havia juntado três de suas canções em 1964 e 1965, quando se apresentou, ao lado de Vinicius de Moraes, na boate Zum Zum, no Rio. Mas nunca nove. Poças, com uma carreira musical longa, quis fazer mais uma ousadia depois da *Serenata* à brasileira.

Procurou Jacques Morelembaum, que tinha proximidade com Dorival Caymmi e Tom Jobim (1927-1994), e passaram a conversar sobre o arranjo e a formação de um coro, que incluiria a mulher de Jacques, Paula, Céu, filha de Edgar, Monica Salmaso, além de gente que estava trabalhando no Gravodisc. "A suíte ficou ótima e é com certeza única no mundo", explica Poças, que antes de levá-la ao estúdio, enviou a ideia para a família Caymmi, que ouviu e encantada com a novidade, aprovou.

Enquanto um batalhão qualificado desenvolvia o trabalho em estúdio, Fred e a Dabliú Discos, que lançaria o 2 *Atos* em 2014, auxiliavam nas negociações e confecção de contratos para deixar ok a situação dos músicos participantes. Rossi, após ouvir as ideias de Edgar e Ney, buscava formas de equilibrar os custos e não estourar o orçamento.

Assim, com seu jeito mineiro, falou por telefone com Morelembaum, Mehmari, Ayres e Duprat e foi pessoalmente com Ney Marques ao Gravodisc para pedir um preço mais amigo, garantisse a qualidade artística sonhada pelo grupo e que permitisse fechar a conta final.

O LADO B

Junto com a parte mais popular, o 2 *Atos* traz um CD de composições clássicas e que dificilmente na história do gênero no Brasil reuniria um elenco tão qualificado. Além da Orquestra Bachiana Filarmônica SESI-SP, Jean William e equipe conseguiram reunir na gravação, realizada na unidade móvel da Sinagoga Shalom, no Itaim Bibi, o Coral Luther King, a Orquestra de Cordas, e direto da Itália, o amigo barítono Davide Rocca e a soprano Frederica Vitali.

A escolha do repertório foi igualmente criteriosa e teve participação importante de Martinho Lutero, o diretor musical da parte clássica. Entraram óperas como *L'elisir D'amore* (Gaetano Donizetti), *La Traviata e Rigoletto* (Giuseppe Verdi) e por fim, a versão brasileira da *Serenata* de Schubert, com regência de João Carlos Martins.

Enquanto os músicos gravavam, Vando e sua equipe buscavam registrar tudo em imagens para garantir um bom material para o DVD. Ele conta alguns bastidores. "Filmamos com dez câmeras, luz profissional e qualidade de cinema. Investi do meu bolso cerca de U$100.000, pois queria fazer um produto por amor à arte, mas tive alguns percalços, como no dia em que fomos gravar o dueto entre o Jean e a Fafá de Belém". Quando a cantora entrou no estúdio e viu aquele monte de equipamentos, ele se lembra de ela ter ficado possessa e dizer que não emprestaria direito de imagem para aquela gravação, pois o combinado, ou a falta dele, era de que cantasse na amizade e só. Sem grande alarde. O clima no estúdio ficou pesado e começou uma reunião entre a artista, com seu empresário ao telefone, e Fred Rossi. Duas horas depois, ela volta e autoriza a filmagem.

Com o fim das gravações, Jean passou boa parte dos primeiros meses de 2014 em palcos de São Paulo para promover o 2 *Atos*, que ainda não tinha sido lançado oficialmente. Também viajou para os Estados Unidos, onde se apresentou no Metropolitan Museum, em Nova Iorque, e na sequência, integrou o elenco do XIII Festival de Ópera de Belém do Pará, realizado entre os dias 5 de agosto a 27 de setembro[12].

Na capital paulista, o clima pelo nascimento do CD era de euforia. A Dabliú Discos havia finalizado a obra e, junto com a equipe de Jean William, agendou o show de lançamento, marcado para 2 de setembro de 2014, na Livraria Cultura do Conjunto Nacional, na Avenida

Paulista. Antes, houve uma *première* no Teatro Bradesco, dentro do Shopping Bourbon.

Vando conta que recebeu, a muito custo, dez ingressos das mãos de Fred para a apresentação, e que levou gente de seu círculo íntimo, como um casal de empresários de uma multinacional, a quem ele tinha expectativa de vender o lançamento global do *2 Atos* (CD e DVD). "Na hora dos agradecimentos, o Jean falou sobre todos os envolvidos, menos de mim. Minha mulher, suando frio, começou a apertar minha mão. Quis ir embora e no meio do caminho, Edgar, que foi meu professor de piano, pediu que eu não desistisse, mas para mim não dava mais".

No dia seguinte, o casal de amigos enviou um e-mail para Mantovani perguntando o porquê de ele não estar incluído entre os agradecimentos. A conversa foi encaminhada para o e-mail de Jean, mas não houve resposta. Três dias depois, esbarraram-se em uma casa de jazz no Itaim Bibi. O constrangimento pairou no ar e não trocaram uma palavra. Vando pegou o HD de 4 Terabites, com todo o projeto do DVD, e enfiou dentro de uma gaveta do escritório, onde ele ficou adormecido por anos.

"

1.000 cópias do CD *2 Atos* foram prensadas e disponibilizadas para comercialização. Segundo a gerente da Dabliú, Tatiana Librelato, o selo ajudou na parte de organização para que o álbum duplo se tornasse realidade, mas eles não ficaram responsáveis pela parte de distribuição. No acordo, a gravadora ficou com metade das cópias e o cantor e o empresário, com a outra. Ela acredita que alguns pontos tenham sido equivocados na promoção da obra. "Talvez o público que ouvia o Jean clássico nos palcos não tenha se identificado com a mistura de gêneros proposta por ele nesse trabalho. Mas tenho uma visão positiva: se veio à luz, já significa muita coisa, pois existem artistas com anos na estrada que não conseguiram gravar um CD até hoje. E a carreira do Jean não acabou depois do *2 Atos*. Muito pelo contrário, ele cresceu em muitos aspectos e possui algo para a história".

Tatiana aponta que buscou orientar o dono da obra várias vezes: "Dizia para ele: Jean, esse é um CD para vender nos seus shows, pois lá está seu público direcionado. Se ele tivesse abraçado um pouco mais a parte de oferecer e promover, é possível que tivéssemos uma vendagem melhor. Por ser otimista por, tenho esperança de que 2 *Atos* seja ainda mais valorizado um dia, pois é um trabalho de muita qualidade".

A Dabliú não disponibilizou a conta exata das unidades vendidas, mas a estimativa é de que não tenha chegado à casa das 400 cópias. Algumas dezenas foram distribuídas para apoiadores e outras tantas seguem disponíveis no estoque da gravadora.

Edgar, que assinou a direção artística da primeira parte do álbum, evitou ouvir o 2 *Atos* por anos, pois não se conformava com a pouca repercussão que ele teve. Ao fazer uma busca simples na internet, encontram-se poucas notícias relativas ao lançamento e promoção do CD, e todas em veículos de pouca expressão. "Acredito que, talvez, houve uma divulgação errônea e que não alcançou a todos que deveria alcançar. Acredito que um dia vão dar o valor que merece. Jean cantou muito bem. Não tem o que dizer".

Fred concorda com o ponto de Tatiana em relação ao início da crise econômica no Brasil como um dos fatores que impediram que o 2 *Atos* tivesse mais êxito na época. Segundo ele, o dinheiro aportado pela Z+ tinha acabado e não houve maneira de contar com os serviços de assessoria de Cláudia Rolim para promover o disco. Assim, ele contou com a ajuda, sem custos, de uma ex-namorada jornalista. Cláudia não concorda com a versão e diz que foi posta de lado no trabalho que ela iniciou. No mesmo período, o projeto *Jean William em Concerto* chegou ao fim, após o término do contrato de patrocínio das usinas no interior de São Paulo, vencido e não renovado no final de 2014.

Quanto ao DVD, Vando só voltou a rever as imagens a partir de 2017, quando as feridas começaram a cicatrizar. Assistiu tudo de novo sozinho e lembrou que o pessoal de sua produtora, durante a edição, elogiava muito a qualidade do material. Assim, ele teve um estalo e decidiu finalizar o projeto, com esperança de levá-lo à luz do público um dia. Gastou mais U$ 10 mil por conta própria e contratou um renomado corretor de cores da indústria cinematográfica no Brasil para fazer os ajustes necessários. Em outubro de 2019, o produtor musical teve a oportunidade de reencontrar Fafá de Belém no estúdio que ele possui, na Barra Funda, e onde era gravado o programa Tá Pago, apresentado pelo ator Leandro Hassum e exibido no canal TNT. Ela foi uma das convidadas do programa do dia 29, ao lado da atriz Monique Alfradique, o jornalista Alê Oliveira e o humorista Igor Guimarães. Vando preparou um vídeo do dueto entre Jean e Fafá no 2 *Atos*. "Ao assisti-lo, ela pirou e queria saber se aquele material já tinha sido lançado", recorda.

Ser artista no Brasil é parada dura. E assim também o é para os lugares que guardam as memórias e histórias da cultura brasileira. Em 26 de dezembro de 2019, o Gravodisc amanheceu em chamas e perdeu grande parte de 400 mil horas das gravações, de 700 artistas dos mais diferentes gêneros e cerca de 2.220 projetos. Não há previsão para a reabertura e se o lendário espaço na Rua General Osório, na Santa Ifigênia, voltará a existir.

6
SOBRE SER ARTISTA
NO BRASIL

Pensei em parar de cantar muitas
vezes. Já ouvi gente me dizer:
"nunca vi tenor pequeno e preto dar certo;
olha o viado lá!". Algumas vezes,
temi acabar meus dias pedindo dinheiro no farol.
Tinha uma preocupação de que meus avós
não fossem durar para sempre, assim como
a Dona Julia. Mas eu tenho uma missão
de vida e essas pessoas sobem junto comigo
no palco. Isso me faz seguir em frente.

JEAN WILLIAM

"Que indivíduo que é artista no Brasil e não tem depressão?". Com seis anos de estrada como profissional, Jean William colecionava mais perguntas do que respostas e a frase na cabeça. Valia a pena ser um tenor/cantor, que passeia com facilidade por diferentes gêneros, além de ter conhecimento adquirido na universidade com os músicos de séculos distantes? Ele achava que sim e que deveria insistir no caminho solo, entoar Haydn[13] e igualmente dialogar com o Jazz e a MPB, o que incluía conectar-se com suas raízes africanas.

Mas a busca por viver confortavelmente da arte também é uma necessidade do artista e Jean William buscou trabalho no universo clássico, ao se inscrever em uma audição para solista do Theatro Municipal de

São Paulo. Ele foi aprovado e em 14 de dezembro de 2014, às 18h, estreou como funcionário registrado e não mais como convidado. Era um domingo, fim da temporada do projeto Paulicéia Desvairada, do Coral Paulistano Mario de Andrade, com quem ele passaria a se apresentar com frequência. Nesse dia, interpretou trechos de *O Messias*, obra composta em 1741 por Händel. Também subiram ao lendário palco o maestro Martinho Lutero e figuras ilustres, como Luciana Serra, professora de Jean em Milão, além da soprano Samira Hassan, a mezzosoprano Adriana Clis, o contratenor Helder Savir, o barítono Davide Rocca e Fani Vovoni como *spalla,* ou primeiro violinista.

Com um bom salário garantido, que girava na casa de R$10 mil, ele se sentiu mais seguro pois, desde que passou a ter melhores rendimentos, tem ajudado financeiramente os avós, inclusive em melhorias na casa em que eles vivem há mais de 50 anos. Virado o ano, Jean pensava cada vez mais em ser empresário de si mesmo e antes do fim do contrato com Fred, que se estendia até junho de 2015, decidiu que era o momento de cada um seguir um caminho. Fred diz só guardar os bons momentos de carinho da relação e recorda de quando, sentado na ampla sala do apartamento de um quarto no qual ele vive desde 2015, no Largo do Arouche, recebeu a decisão do artista. "Nós tínhamos mais do que uma relação empresário-artista. Fui amigo, pai, confidente e cheguei a pegá-lo em casa às 2h da manhã para levá-lo ao hospital com dor de garganta. Por três anos, dediquei-me, quase que exclusivamente, à carreira dele".

Ele comenta que, em paralelo ao início da crise econômica no Brasil, começou a ouvir conversas de que Jean tinha dito que o empresário estaria deprimido. "Eu nunca tive isso e senti como uma pisada de bola dele. O fato é que eu estava duro, sem dinheiro. Saí de uma vida de 35 anos morando nos Jardins para um apartamento no Centro. É preciso encarar os fatos. Eu era rico e não sabia". Nos tempos áureos, Fred chegou a manter um escritório com 13 funcionários na Avenida Henrique Schaumann, em Pinheiros. Atualmente, trabalha sozinho em casa.

Outros pontos que fizeram a relação profissional terminar antes do previsto foram as dificuldades de patrocínio, e segundo Fred, o fato de Jean ainda não estar consolidado como artista solo para facilitar a prospecção de novos apoiadores. O antigo empresário do tenor conta que ele chegou a oferecer R$1.000,00 para que o trabalho continuasse. "Confesso que isso não me desceu bem", diz Rossi, que esperava que a divisão combinada de 40% (Fred Rossi) – 60% (Jean William) pudesse ser mantida. "Também senti que o Jean não estava legal e que faltou uma conversa mais olho no olho, um abraço e o pensamento de porra: vamos virar o jogo e vencer. Tentei ter esse papo privado, mas não rolou".

Mesmo que Jean tenha decidido romper o contrato em vigência, não houve acerto financeiro nem uma conversa formal de término. Fred também achou melhor pôr um fim da parte dele. "Tenho muita admiração pelo Jean e por toda a história que vivemos. Não guardo mágoas. Conheci pessoas maravilhosas durante a jornada e uso o CD dele como presente para novos clientes e amigos até hoje. É um produto que eu gosto e sinto orgulho de ter trabalhado". Os dois voltaram a se reencontrar na estreia do show *Grandes Temas*, em 8 de agosto de 2019, no Teatro Procópio Ferreira.

AMOR ELÉTRICO

Integrar o quadro de funcionários do Theatro Municipal, prédio que se destaca na paisagem do Centro de São Paulo desde 1911, é um privilégio para qualquer músico. Imagine então para um solista, que costuma ter função destacada nas produções. Mas a carga de rotina imposta pela tradicional casa é igualmente desafiante. Jean William batia ponto de segunda a sexta para os ensaios junto com o Coral Paulistano, dirigido pelo maestro Martinho Lutero entre 2013 e 2016, e precisava cumprir os horários pré-determinados em contrato. Nos fins de semana, apresentava-se lá e quando tinha folgas ou horas livres, procurava equilibrar os pratos de uma carreira solo, que não podia mais ser ignorada ou jogada de lado. Segundo ele, as negociações eram tranquilas e convites extras não deveriam ser recusados.

No meio desse turbilhão de compromissos, recebeu algo que não estava nos planos: um amor. O flautista Felipe Mancz, que também trabalhava no Municipal nessa época, não chegou a tocar ou participar de produções ao lado de Jean. Mas ele tocava com as gêmeas em algumas cerimonias de casamento e ambos possuíam vários amigos em comum, em especial, pelo Facebook onde nasceram as primeiras mensagens e um convite para sair. Era junho e enquanto vivia o início de seu primeiro relacionamento gay, o cantor passava algumas madrugadas elaborando o repertório de um novo show.

O Tom Jazz, uma das casas mais tradicionais do gênero em São Paulo e no Brasil, comemorava dez anos de funcionamento em 2015 e convidou Jean William para conceber um show. Ele gostou da proposta, que veio no momento certo, pois sentia necessidade de cantar música popular. "Eu não sou um cantor convencional de música clássica. Gosto de cantar de tudo. Ouvi gente dizer que tenho voz áspera para ópera. Eu também aproveitei a oportunidade para colocar em prática a coerência como artista. Queria pôr o príncipe preto no centro do palco".

Com esse objetivo, escolheu duas referências consagradas na história preta da música norte-americana como a espinha dorsal do show: a ópera *Porgy and Bess*, escrita pelo norte-americano George Gerschwin (1898-1937), em 1935, e o musical *West Side Story*, cujas canções de Leornard Bernstein (1918-1990) refletem sobre a dura vida de trabalhadores latinos nos Estados Unidos. A cada palavra cantada, uma homenagem surgia às pessoas perseguidas, refugiadas e ignoradas.

A escolha dos músicos que ocupariam o palco ao lado dele foi pensada com critério e após algumas reuniões, o pianista José Antônio Almeida, o contrabaixista Bosco Fonseca e os bateristas Pedro e Azael Rodrigues, que se revezavam no instrumento, formaram o Jazz Trio, grupo que, em algumas ocasiões, recebeu como convidado o trompetista Lucas Sartório. Assim nasceu o *Tonight*, apresentado pela primeira vez na noite de 7 de julho para uma plateia empolgada, que pode ver mais uma das facetas do artista polivalente que Jean William é.

Fora o Tom Jazz, que baixou as cortinas pela última vez em 28 de fevereiro de 2016, o *Tonight* viajou pelo interior de São Paulo, em cidades como Amparo e Piracicaba. Segundo Jean, ele foi importante para colocar um sujeito de nariz achatado e cabelo crespo no centro e dar visibilidade a pessoas que o procuraram, seja pessoal ou virtualmente, e o cumprimentavam por sentirem-se representadas de maneira positiva em uma posição de destaque. Uma das cantoras convidadas foi Luciana Mello, artista preta e filha de Jair Rodrigues (1939-2014) que militou bastante pela voz. "Também me senti muito livre nesse espetáculo, pois pude cantar, interagir com o público e exercitar meu lado comunicador".

Com agosto batendo à porta, a agenda vivia repleta de compromissos. O relacionamento com Felipe caminhava bem. No dia 29 daquele mês de 2015, Jean participou da montagem *L'elisir d'amore*, de Gaetano Donizetti (1797-1848), no papel do protagonista Nemorino. A apresentação ocorreu na Sala São Paulo, em um evento beneficente da Associação para Crianças e Adolescentes com Câncer (TUCCA). Em 25 de setembro, esteve com o Coral Luther King no Tribunal de Justiça de SP, onde cantaram a obra *Stabat Mater*, de Haydn. Os palcos eram dos mais variados possíveis. O artista esteve em mosteiros, como o de São Bento, em Vinhedo, além de unidades do Centro Educacional Unificado (CEU) e da Fundação Casa, onde teve a oportunidade de conversar com jovens infratores e falar sobre sua vida. A música como elemento de transformação social é um dos assuntos sobre o qual ele gosta de falar quando está junto do público, independente da classe social e cultural que pertença.

"Eu não quero ser exemplo para ninguém. Mas ao ir a uma escola, a uma Fundação Casa, aprendo muito e vejo como sou abençoado e privilegiado. Gosto de compartilhar minha história para, humildemente, inspirar as pessoas a seguirem seus sonhos. Nunca fui preso, mas carrego muitas dores e gosto de compartilhá-las e ouvir a dor dos outros".

Nessa época, Jean William foi apresentado à Ayahuasca. Ele, que já havia frequentado as missas católicas e as palestras espíritas, via-se agora diante do Parque Nacional do Juquehy, próximo à residência do namorado, e lá provou rapé, pó extraído da folha do tabaco e originalmente utilizado de forma sagrada por povos indígenas. Mas não passou de experiência, pois o cantor cuida muito da voz e evita qualquer tipo de substância que possa prejudicá-la. Já o ritual oferecido no Instituto Pedra da Lua foi mais do seu agrado. Havia tempos que Felipe tentava levá-lo, mas não conseguia devido à agenda atribulada dos fins de semana. Ao chegarem no espaço, localizado na Zona Leste de São Paulo, participaram do ritual no qual é servida a "bebida sagrada". Outros nomes pelas quais ela é chamada são "vinho das almas" e "Mãe Ayahuasca".

Ao tomar o chá, Jean, nas memórias de Felipe, parecia uma estátua sorridente. Ele estava feliz e não teve náuseas ou vômitos, algo que pode acontecer durante o consumo. Os praticantes do ritual, criado na Floresta Amazônica, dizem que essa é uma forma de limpeza interna e que a pessoa deve liberar as energias negativas. Até mesmo a mãe do artista, Madalena, apareceu em uma das mirações (visões) que ele teve naquele dia. Na segunda vez em que estiveram no Pedra da Lua, houve espaço até para cantar. "Do nada, o Jean pediu a palavra para a chefe da casa, a Edna Martins, e soltou trechos de *Se todos fossem iguais a você* (Vinicius de Moraes/Tom Jobim). Foi lindo ouvir: *Vai tua vida/ teu caminho é de paz e amor/ A tua vida é uma linda canção de amor*. Lembro que ela ficou espantada com a cena e apenas dizia: Tão pequenininho, mas como canta bonito", recorda o flautista.

Outra das boas lembranças construídas nos dois anos e meio de relacionamento foi um voo de balão que eles fizeram na cidade de Itupeva. Felipe olhava para um balão de teto que decorava o quarto de Jean William e ao perguntar o significado do objeto, descobriu que ele tinha o sonho de voar em um deles. O ex-namorado decidiu então fazer uma surpresa e comprou dois ingressos por conta, que precisaram ser reagendados algumas vezes, seja pelas condições meteorológicas ou pela agenda de shows. Até que o tenor começou a desconfiar e o flautista decidiu contar o plano e entregar os vales para quando desse certo deles irem à cidade do interior, localizada a 72km de São Paulo.

Felipe também virou companheiro nas horas em que as apresentações e concertos terminavam. Aguardava Jean receber os convidados, tirar fotos, dar autógrafos e atenção aos amigos-fãs, para só então irem para casa. "Em algumas ocasiões, eu era o último a sair com ele, especialmente em viagens para compromissos bate e volta ao interior de São Paulo. No carro, falávamos sobre a vida e as próximas divulgações". O ex-namorado, mais de três anos após o término, acha que "Jean não sabe a exata importância que tem na vida das pessoas" e que um dia vai ter mais clareza disso.

LAURA

Em setembro de 2015, Cláudia Rolim voltou a trabalhar com Jean e junto comigo, que era seu assessor de imprensa na época, desenvolvemos, cada um com seus contatos e vivências com a imprensa, formas de aumentar a exposição do agora não só tenor, mas cantor assumido e de muitos gêneros. A assessora soube que a cantora italiana Laura Pausini viria ao Brasil. Sempre que ela vem ao país, uma visita é tradição: o programa Altas Horas (Rede Globo). Tem sido assim desde o início dos anos 2000, quando estourou no mundo inteiro e Serginho

Groisman ainda apresentava o Programa Livre (SBT). Aliás, a emissora pertencente a Silvio Santos foi a primeira daqui a ter uma visita da artista europeia. Ela esteve no Programa da Hebe em algumas ocasiões, sendo a primeira em 2002, e fez amizade com a comunicadora. Em 2009, Jean fez sua estreia em programas de auditório da TV brasileira e adivinhe onde? Ao lado daquela que dizia sempre "gracinha" e pedia um selinho a cada convidado.

Cláudia enviou um e-mail para a produção do programa, já que é missão quase impossível falar por telefone, e sugeriu que Jean, que esteve no programa em 2009, fizesse uma homenagem para Laura. Esperou alguns dias e nada de resposta. Nem se lembrava mais do assunto quando, semanas depois, preparando o almoço, recebeu a ligação de um número desconhecido no celular. "Era uma menina que trabalhava com Serginho. Disse que ele mesmo havia pedido para levar Jean ao programa e que ele cantaria um dos *hits* da artista pop europeia".

A gravação do Altas Horas veiculada em 28 de novembro aconteceu no dia 19, véspera do aniversário de 30 anos de Jean William, que decidiu cantar *La solitunide* (Arcangelo Varsiglio/Pietro Cremonesi/ Frederico Cavalli) canção que batiza o primeiro álbum de Laura Pausini, lançado em 1993, e é considerada seu primeiro sucesso. Além dos dois, Serginho ainda recebeu nesse dia o cantor Fábio Júnior, que interpretou *Alma Gêmea* (Aroldo Sobrinho) ao lado da italiana, e a modelo Fernanda Tavares.

O combinado inicial com a produção era de que Jean entrasse no bloco inicial do programa e cantasse sozinho. Mas, assim que ele abriu a boca e dela saiu, em um italiano impecável *è un cuore di metallo senza l'anima/ Nel fred del mattino grigio di città* (é um coração de metal sem alma/ na manhã fria e cinza da cidade), Laura não conseguiu disfarçar o espanto. Primeiro, acompanhou a letra com um sussurro e um leve sorriso, para na sequência gritar um *bravo!* entusiasmada. Até que, no meio da homenagem, não se aguentou na cadeira e subiu, espontaneamente, para cantar ao lado do artista brasileiro e ainda gritou, ao fim da canção: "Que presente!". A artista disse que ele tinha uma voz poderosa e fez reverência à Hebe Camargo, que segundo ela, tinha bom ouvido para reconhecer novos talentos musicais.

Claudia Rolim, que acompanhava tudo dos bastidores, emocionou-se e descreve a cena como uma forma brilhante de interpretar aquela música. "Após a gravação, comemoramos o aniversário antecipado do Jean no camarim disponibilizado para ele. Meu marido José levou um vinho português para tomarmos. Serginho participou da confraternização e convidamos Laura, que não pôde ficar na Globo por ter outros compromissos". Jean William lembra com muito carinho dessa história, em que pôde se apresentar e interagir com uma artista de projeção global, uma de suas referências na música italiana contemporânea. Mas a temporada de 2015 não terminou com o encontro Brasil-Itália. Em 12 de dezembro, ele participou, ao lado de grupos musicais folclóricos, do evento *Sabores da América Latina: Missa Criolla*, na Catedral da Sé.

❝

2016 representou um ano com mudanças significativas na vida e trajetória artística de Jean William. A rotina puxada e diária no Municipal, com a obrigação de bater ponto, começou a não fazer muito sentido para ele que, desde o início da vida de cantor, enxerga a música como uma relação de liberdade. Em junho, decidiu conversar com a direção e pediu as contas. Telefonou para João Carlos Martins, explicou a situação e perguntou se não haveria um lugar para ele na Bachiana. O maestro deu risada da história e o recebeu mais uma vez de braços abertos como solista. Desde então, não deixaram mais de se apresentar juntos e com frequência.

O período também é descrito por Jean William como uma fase de muitos eventos corporativos e pouca coisa artística. O ponto fora da curva mais *"low profile"* foi o convite do diretor Stefano Viccioli para, viajar à Itália e compor um grandioso elenco, oriundo de dez países diferentes, que se reuniria em Pádua para em 4 de setembro, apresentar a montagem da *Quadri da Rigoletto*, de Verdi, na Ópera di Padova.

As batalhas para ser artista no Brasil e viver de cultura continuaram assim que ele retornou. Jean, apesar das possibilidades de viver em outro país, prefere a terra natal e em paralelo aos compromissos com a Bachiana, correr atrás de projetos solo. "Como artista, eu escolho os projetos que quero fazer e isso é um privilégio. Muita gente me pergunta: por que você não vai morar na Europa? Lá seria tão mais fácil. Porque eu não quero. Gosto de morar no Brasil, mesmo com todos os problemas. Me sinto bem em cantar aqui e quando me chamam para cantar lá, eu vou, com todo prazer".

Ele também se sente privilegiado em contar com as personalidades que o apoiam, como o maestro, e o fato de ser um artista preto, assumidamente gay e conseguir circular em muitos ambientes. Mesmo reconhecido e admirado, Jean William ainda pena para tocar a carreira musical. "Eu canto, produzo, escrevo projeto, faço reunião, bato na porta de empresário, tomo não. É preciso se reinventar sempre. Fiz audições para trabalhar em lugares como o Municipal. Não fui convidado. Há diretores de ópera que gostam de mim, mas não me chamam para projetos. Ser artista preto no Brasil é muito pior do que em outros lugares". Ivo Herzog concorda e questiona: "Imagine se o Jean tivesse 180cm e fosse loiro. Quais desafios a carreira dele teria? É preciso haver uma luta para reparar erros históricos aqui e precisamos de gente como ele para encabeçá-la, guerrear contra essas injustiças. É alguém com uma história para se orgulhar muito e com a coragem de enfrentar os desafios e ser protagonista".

Assim como Jean William, há cerca de 40 cantores pretos no universo clássico que escolheram viver no Brasil e enfrentar as pedreiras de um país com racismo enraizado e que valoriza pouco a cultura. Um deles é o barítono mineiro David Marcondes, que em entrevista à Revista Raça, em outubro de 2016, disse:

> o negro não sabe da capacidade que tem. Se ele soubesse da capacidade vocal que tem, estudaria música erudita e não ia ter pra ninguém. O que você vê na televisão é o negro cantando Pagode, o negro cantando Samba, isso e aquilo, mas nunca música erudita. E justamente nela, as cordas vocais, a força física e as cavidades vocais seriam perfeitamente ajustadas…, mas ele não sabe disso! Como negro, eu posso mostrar para os outros que é possível.

Junto com os dois, algumas cantoras se destacam, como as sopranos Edna D'Oliveira, Edineia de Oliveira e Erika Muniz. O número de artistas brasileiros pretos que vivem da música clássica e optaram por fixar residência no exterior é menor, cerca de dez. Em Londres, vive o barítono Michel de Souza e em Nova Iorque, o baixo Luiz Otávio Faria, assim como a bailarina Ingrid da Silva. Os dois cantores, após um tempo sem virem ao Brasil, estiveram no país em novembro de 2021 para a ópera *The Rake's Progress*, de autoria do compositor russo Igor Stravinsky (1882-1971). A obra, dividida em três atos, reabriu o Theatro Municipal em toda sua capacidade de 1.500 lugares pela primeira vez após ser decretada a pandemia do novo coronavírus, em março de 2020. Michel viveu Nick Shadow e Luiz, Father Truelove, papéis de destaque e que foram abrilhantados por duas estrelas pretas da música clássica brasileira em um dos palcos mais tradicionais daqui.

Outro destaque internacional atende pelo nome de Luiz Guilherme de Godoy. Nascido em Mogi das Cruzes em uma família periférica e órfão de pai, Luiz pôde crescer e vencer pela educação musical e desde 2017, vive na Europa, onde atualmente é um dos maestros da Ópera Estatal de Hamburgo, além de diretor do grupo Meninos Cantores na mesma cidade da Alemanha.

Em junho de 2022, a cidade de São Paulo foi palco de dois avanços do protagonismo preto na história da ópera brasileira. O Theatro Municipal teve, pela primeira vez em sua história de 111 anos, duas artistas pretas, Priscila Olegário e Marli Montoni, dividindo o papel de Aída na montagem da obra de Verdi dirigida por Bia Lessa e regida pelo maestro Roberto Minczuk. David Marcondes interpretou o rei Amonasro, da Etiópia. Em entrevista à Veja, Priscila celebrou o fato de não precisar mais ver cantoras com a pele pintada de preto para representar a princesa etíope, algo celebrado por Lessa: "Não faz sentido um branco tomar um lugar de um negro. Realmente é a primeira vez no Brasil que isso acontece".

Em 24 de junho, Luiz de Godoy regeu, na Catedral Evangélica de São Paulo, a *Missa de Santa Cecília*, composta pelo padre brasileiro José Maurício Nunes Garcia (1767-1830), em 1826. A cena não poderia ser mais simbólica: cinco solistas e um maestro de pele preta eram os protagonistas. Erika Muniz, David Marcondes, Juliana Taino, Mar Oliveira e Tatiane Reis vestiam roupas com motivos afros e os Meninos Cantores de Hamburgo usavam camisas brancas, em alusão ao dia de sexta-feira no candomblé, quando a cor é utilizada na religião para reverenciar o orixá da criação, Oxalá. A montagem também foi apresentada na Catedral de Sant'Anna, em Mogi das Cruzes, no Sesc Guarulhos e no Theatro Pedro II, em Ribeirão Preto.

Em relação às maiores casas de espetáculos do Brasil, a situação também é tímida, apesar das políticas de inclusão crescentes. Segundo o Theatro Municipal de São Paulo, em 2021, dos 280 artistas que trabalhavam lá, 15 declararam-se pretos, assim como o ex-diretor artístico e coreógrafo Ismael Ivo (1955-2021), que, de 2017 a 2020, esteve à frente do Balé da Cidade, até ser demitido após uma série de denúncias por assédio moral. Ele foi inocentado, mas não chegou a pisar novamente em um de seus palcos preferidos. Ivo faleceu em 8 de abril de 2021, devido a problemas decorrentes da contaminação pelo novo coronavírus.

O Teatro Municipal do Rio de Janeiro, por meio de nota, não quis informar números, mas disse que, por ser uma instituição do Estado, tem destinado a cada concurso de seleção, a partir da temporada 2013/2014, 20% das vagas para artistas que se declaram etnicamente pretos ou indígenas por meio da Lei Estadual nº 6.067. Tanto o Teatro Amazonas, em Manaus, quanto o Theatro da Paz, em Belém, duas das mais prestigiadas casas de óperas no país, não responderam. De acordo com o Instituto Brasileiro de Geografia e Estatística (IBGE), 19.227.000 de um universo de 210 milhões de brasileiros disseram ter a pele preta no levantamento mais recente, divulgado em maio de 2019.

Fred Rossi, que segue trabalhando como empresário musical e consultor de carreira, diz que o momento de transformações econômicas e recessão faz com que as gavetas dos homens que decidem quais projetos apoiar estejam cheias e que, por causa disso, eles têm mais poder de decisão e escolher o que querem.

Outra coisa com a qual Jean não se sente confortável é o fato de ser chamado de "novo Pavarotti", o que, na sua visão, é algo impossível de se concretizar. Em algumas ocasiões, termina o show convidando o público a cantar com ele o refrão de *O sole mio* (Eduardo Di Capua / Afredo Mazzucchi / Giovanni Capurro), eternizada na voz do tenor italiano. É uma forma de se comunicar com a plateia e despedir-se dela de forma leve e bem-humorada. Mas quando acontece a comparação, responde taxativo: "Tem um Pavarotti na Ucrânia, na África do Sul e em um monte de outros países. Só tem um problema: ele é imbatível".

7
A REALEZA PÕE A MESA

*Um país que não reconhece seus negros
em vida é um país póstumo.*

ELZA SOARES

Quando tinha 16 anos, Jean William passou a receber aulas de etiqueta de Julia Guidi Francisco dos Reis. No início, ele não entendia o propósito de aprender os modos que deveria ter em um jantar e que, ao se comer em um ambiente refinado, a ordem dos talheres é de fora para dentro. "O dia em que ela começou com isso, pensei na hora: está louca. Eu dizia que iria cantar em alguns casamentos e nada mais". Mas a mãe afetiva parecia vislumbrar algo lá adiante, e com um sorriso largo, rebatia: "Mas Jeanzito, vai que um dia você se apresenta para uma rainha ou um rei".

Apesar da certeza que ele tinha do delírio dela, continuaram com as aulas por algumas semanas. Jean só lembrou das regras de etiqueta quando, aos 33 anos, viu-se sentado em frente ao príncipe Albert II, de Mônaco. Era abril de 2018 e o tenor brasileiro havia sido convidado para ser o solista do *Brazil Monaco Projet*. O jantar de gala com a realeza do principado europeu, encravado entre a França e a Itália, marcava o final da programação do evento.

Mas antes de desembarcar em Mônaco, Jean passou por outras aventuras na carreira. Em 25 de janeiro de 2017, junto da Orquestra Bachiana Filarmônica SESI-SP, apresentou-se no palco do Theatro Municipal para comemorar os 463 anos da cidade de São Paulo. Nessa época, começou a vislumbrar formas de aumentar os ganhos do mês e decidiu que passaria a dar aulas de canto e que empreender pela voz poderia ser uma boa ideia. Como toca bem piano e violão, poderia acompanhar os alunos e com o desenrolar do tempo, começou a pensar em formas de organizar seu conhecimento em um método para que pudesse oferecer um curso online, ideia que começou a sair do papel em 2019 e se desenrolou ao longo de 2020, mas não foi concluída.

"A carreira de música é bastante instável e para quem quer se dedicar à ópera, é preciso saber que bem poucos artistas do segmento recebem fortunas. Percebi que dar aulas me ajudariam em duas coisas: ter um rendimento a mais e certo no fim do mês, além de uma forma de me manter disciplinado", conta Jean, que admite ter perdido um pouco o senso de disciplina com o tempo e que, a partir dos encontros individuais, precisa estudar previamente e praticar com o aluno.

Um deles, Paulo Cesar Azeviche, passou a frequentar as aulas no segundo semestre de 2019. Azeviche, que sonha em ser cantor profissional e chegou a gravar um CD em 2012, intitulado *Abaixo a Cueca*, se desencantou com o funcionamento do universo da música e ficou sete anos sem se apresentar em público. O único lugar seguro para soltar a voz era dentro do apartamento. Antes de sair e voltar do trabalho, no Tribunal de Justiça de São Paulo, onde é concursado, relaxava na intimidade ao som de suas cantoras favoritas, Rosana e Vanusa.

O sonho de voltar a cantar sem medo veio quando ele conheceu Jean William, após a apresentação do show *Grandes Temas*, em 8 de agosto de 2019. "Entrei em contato com ele via *Direct Message* do Instagram e para minha surpresa, me respondeu e marcamos a primeira aula. Já tinha feito aulas com outras pessoas, mas só me senti verdadeiramente acolhido pelo Jean, que põe sua generosidade junto com técnicas e métodos. Ele quer que a pessoa saiba o propósito dela com a música. A partir dessa experiência, minha relação com o canto é outra".

Com duração de 1h, as aulas eram feitas uma vez por semana, em um espaço na Vila Madalena. Jean fazia com os alunos exercícios vocais e conversava muito com eles para diagnosticar os pontos a melhorar. No caso de Paulo Cesar, o mestre insiste que ele tenha voz própria e não a dos artistas que admira. Não é para imitar e sim, cantar. "Antes, achava que não precisava estudar e que minha voz era perfeita. Recebi muitas críticas e cheguei a desistir de cantar por sete anos. Tinha a ideia de que as pessoas no universo da música querem te deixar pra baixo.

E com as aulas, fui mudando de ideia e vi que ela faz parte da minha vida. O Jean é uma pessoa muito simples e passa isso de forma leve nos encontros, além de estimular os alunos a treinar duro e sempre faz uma leitura técnica da evolução de cada um".

A VOLTA DO PRÍNCIPE PRETO

Jean William sempre foi altamente dedicado à carreira, mas com as aulas, percebeu que precisava retomar a disciplina. Ela é primordial para entrar no processo seletivo de uma ópera, que costuma envolver uma grande quantidade de pessoas, horas e mais horas de ensaios, buscando pela perfeição. No fim de 2017, o diretor artístico e iluminador Caetano Vilela recebeu um convite do Theatro São Pedro, em São Paulo, para produzir a montagem da ópera que abriria a temporada do ano seguinte. A obra escolhida foi a italiana *O Matrimônio Secreto,* de Domenico Cimarosa (1749-1801).

Ambientada na Itália do século XVIII (1792), a ópera conta as desventuras amorosas entre Carolina, a filha do próspero comerciante bolonhês Gerônimo, e o empregado dele, Paolino. A relação se torna mais impossível quando o pai oferece um dote para que o conde Robinson se case com Elisetta, sua filha mais velha, além de um título de nobreza. O problema é que o nobre inglês se apaixona pela outra irmã, que decide se casar secretamente com seu verdadeiro amor.

Caetano relembra que ele recebeu carta branca para criar uma roupagem mais contemporânea para a ópera. Outra novidade é que, pela primeira vez na história do centenário teatro, fundado em 1917, todos os papeis foram selecionados por meio de audições, algo pouco comum no universo operesco, onde as indicações têm força. O diretor então convidou alguns cantores para fazer os testes, que duraram a primeira semana de fevereiro de 2018, com a ideia em mente de encaixar cada personagem não só ao tom de voz, mas à teatralidade que eles colocariam em cena. Um amigo lembrou o nome de Jean William, e Vilela de tê-lo assistido em *L'elisir d'amore,* em 2015, quando viveu Nemorino, um papel apaixonado e que o agradou. Mesmo com ressalvas, pensando que talvez o tenor de Barrinha não se encaixasse no que ele queria, decidiu chamá-lo. A maestrina italiana Valentina Peleggi, que seria a regente do espetáculo, também duvidou se ele aguentaria o ritmo alucinante de três horas da montagem.

"Jean é um excelente intérprete de ópera. Testamos outros tenores que foram melhores na audição. Mas quando ele cantou a ária, deu uma interpretação própria, eu e Valentina gostamos e achamos que ele tinha entendido a dinâmica da montagem, da ideia do teatro", conta Caetano, que também elogia o fato de o artista, que recebeu o papel de Paolino, não ter medo de se arriscar e aceitar participar de audições, algo que muitos, por vaidade, não fazem e aguardam um telefonema, uma mensagem ou um e-mail convite chegar. Às vezes, isso nem sempre ou nunca acontece. "Ele é um sobrevivente, um herói. E muito capaz de fazer o que tem feito. Durante os ensaios e preparação, se jogou de verdade, mostrou todo seu talento e foi além do que eu havia planejado inicialmente".

Enquanto testava seu figurino, desenhado pelo estilista Fause Haten, responsável por essa frente de *O Matrimônio Secreto* versão século XXI, Jean lembrou-se mais uma vez da professora na faculdade que o desencorajou a cantar ópera, pois na visão dela, não havia príncipes "negros" neste segmento. E ele se imaginou lá no meio do palco do São Pedro, num papel de protagonismo. "A minha história me projetou em um caminho de conquistar um trono. Não conheço outra história como a minha. Em 2018, fui o único preto protagonista de uma ópera no Brasil, sendo que estamos em um país de pele escura e parda. Agora, veja se isso apareceu nos jornais, virou notícia. Nem no teatro ninguém da administração soube dizer a última vez que isso aconteceu lá", conta. Nessa produção, Jean dividiu o palco com o barítono Michel de Souza, que também é preto, e deu vida ao Conde Robinson.

Mas antes da estreia, Jean ainda encontraria tempo para uma mini turnê. Em março, esteve em Milão para se apresentar mais uma vez ao lado do Canto Sospeso, e durante uma conversa com o maestro Martinho Lutero, soube que sua assistente, Thais Conte, estava organizando uma viagem do grupo para a Índia, e que eles gostariam de convidá-lo para viajar junto e interpretar o *Réquiem*, de Mozart. Thais, que nasceu no Brasil, mas viveu no país asiático dos 9 aos 19 anos, e atualmente vive na Itália, sempre foi entusiasta de intercâmbios culturais e musicais.

Apesar da vontade em aceitar, Jean lembrou que tinha compromisso em São Paulo e precisaria participar dos ensaios de *O Matrimônio Secreto*, que estrearia em 4 de maio. O tenor conversou com a direção da ópera e negociou que estudaria o roteiro no período em que estivesse na Índia. E assim viajou feliz. Ao desembarcar em Goa, uma das cidades da Índia que, devido à colonização portuguesa, fala o mesmo idioma do Brasil, ele percebeu que havia feito a decisão certa. "Vivi o país intensamente e percebi o quanto eu queria conhecer aquele lugar. O Sul da Índia lembra muito o interior de São Paulo, de onde eu vim. Tem bananeira, mato, vaca. Foi uma espécie de reencontro comigo mesmo".

O Canto Sospeso ficou por lá entre os dias 25 de março e 8 de abril. Fizeram a primeira apresentação em 30 de março, na Igreja de São Francisco, em Goa Velha. Nesse dia, Jean William interpretou o *Réquiem*. O tenor também recorda das cenas de rua vistas por suas andanças ao lado do barítono Davide, como pessoas comendo com as mãos e na folha de bananeira. Os dois se embrenharam em tudo quanto é canto e chegaram a tomar água da torneira, um hábito não recomendado a estrangeiros que visitam o país, onde o acesso ao saneamento básico e rede de esgoto é um privilégio de uma classe reduzida e elitizada.

De Goa, seguiram até a histórica cidade de Hampi, onde se apresentaram de frente para o rio Tungabhrada, considerado sagrado para os hindus. Em seguida, foram até Bangalore e se encontraram com a artista Vasundhara Das, uma das estrelas da indústria cinematográfica de Bollywood e cantora reconhecida em toda Índia e internacionalmente. O grupo, liderado por Martinho Lutero e pela diretora da associação que mantém o coro, Paula Bonara, fez um *workshop* de música indiana ministrado por ela, que no fim, fez um dueto com Jean William.

Ainda em Bangalore, capital do estado de Karnataka, o celular de Jean William tocou e ele não reconheceu o número. Do outro lado da linha e do mundo, a brasileira Luciana de Montigny, que reside em Mônaco, o convidava para que ele fosse o solista em um evento que ela organiza anualmente, o *Brasil-Monaco Project*. No papel de presidente da associação que busca aproximar comercialmente e culturalmente os dois territórios, ela queria contar com a voz do tenor na quarta edição da noite de gala, que aconteceria em 2 de junho.

Da Índia, retornou a São Paulo para abrir a temporada do Theatro São Pedro, com apresentações de *O Matrimônio* nos dias 4, 6, 9, 11 e 13 de maio.

PIRIRI REAL

Ao entrar no território de pouco mais de dois quilômetros quadrados, Jean William ficou em choque com tamanho luxo e requinte. Mônaco, que só é maior do que o Estado do Vaticano, pode ser acessado tanto da costa da França quanto da Itália, seus vizinhos de mar Mediterrâneo. Ele desceu em Nice, na Côte d'Azur, onde havia um helicóptero esperando para levá-lo ao principado fundado no ano de 1297. Ele carregava uma mala simples e pensou em maneiras de escondê-la da vista das outras pessoas que estavam ao redor, vestindo trajes elegantes e com bolsas e pastas da marca francesa Louis Vuitton.

A viagem de três dias parecia cenário de sonho. Colocaram Jean em um hotel de luxo e ele, que estava com fome, decidiu pedir um *Tartar*, prato feito de carne crua e bastante apreciado na alta gastronomia. Logo após a refeição, começou a passar mal e correu para o banheiro. Estava com uma intoxicação alimentar. Apesar do aperto, ainda teve tempo para pensar em voz alta: "Vim cantar para um príncipe e paro no trono".

Só que o piriri de primeiro mundo não cessava e a apresentação era no dia seguinte. Enquanto Jean não acreditava na situação, já que estivera na Índia e não aconteceu nada, buscava reunir forças para estar bem para cantar. Segundo ele, passava pela cabeça a síndrome do impostor, como se não merecesse tudo aquilo de bom que estava acontecendo na carreira. Mas logo isso passou e refeito, começou a vestir o smoking para entrar em um dos palcos mais luxuosos do mundo: a Ópera de Monte Carlo, um lugar fabuloso de acústica e arquitetura, inaugurado em 1879.

Na programação da noite, Jean William cantaria ao lado da cantora mauriciana Jeane Constance, vencedora da edição 2018 do The Voice Kids França. Eles fariam, acompanhados por um pianista, a performance da canção *The Prayer* (David W. Foster / Tony Renis / Carole Bayer Sager / Alberto Testa), orginalmente cantada pelo dueto Andrea Bocelli e Celine Dion. Após a abertura musical, cada um pôde fazer uma apresentação solo e o artista brasileiro escolheu temas da música italiana, como *Nessun Dorma*, de Giacomo Puccini (1858-1924).

Jean cantou para uma plateia de membros da família real monegasca e personalidades que vivem no principado. Estavam presentes o então juiz federal Sérgio Moro, homenageado da noite, sua esposa,

Rosângela, o casal Felipe Massa e Anna Raffael Bassi, além de Viviane Senna, irmã de Ayrton Senna (1960-1994) e presidente do instituto que leva o nome do ex-piloto de Fórmula 1. O resto da noite de gala seguiu na Place du Casino, em frente ao Casino de Monte-Carlo, onde foram servidos coquetel e jantar pelos chefs Joachim Koerper e Franck Lafon, do Café de Paris.

Enquanto se ajeitava na mesa principal do evento, ele viajava ao observar cada detalhe do imponente Jardin du Casino, projetado após um pedido da ex-atriz norte americana e princesa de Mônaco, Grace Kelly (1929-1989). "Pensava: ela mandou fazer este lugar para passear e hoje estou aqui, sentado na mesma mesa que o filho dela. Não dava para acreditar". Também agradeceu a Julia por tê-lo levado ao psiquiatra para trabalhar no consultório, desde adolescente, a melhor maneira de lidar com o sucesso. Também era grato à mãe afetiva por ter previsto que situações como aquela aconteceriam na carreira dele.

Albert II conversou duas vezes com o tenor. A primeira, para cumprimentá-lo no palco e a segunda, durante o jantar. Falaram em italiano e o príncipe ficou admirado com a fluência de Jean no idioma. Sergio Moro, que em alguns meses se tornaria o ministro da Justiça e Segurança Pública do Brasil, também quis falar com o conterrâneo e perguntou de quem era a autoria de *Nessun Dorma*, traduzida para o português como ninguém durma.

"

Após se apresentar em Mônaco, Jean voltou a Milão para assistir à estreia de Davide no Scala e só então retornou à capital paulista, onde tinha compromissos com a área de responsabilidade social da Orquestra Bachiana Filarmônica SESI-SP. Desde sua criação por João Carlos Martins, em 2003, a fundação organiza visitas a escolas públicas e em algumas delas, mantém iniciativas de educação musical. Em 21 de agosto, o tenor esteve na Escola Professora Jussara Feitosa Domschke, no Jardim Portugália, em Suzano, que desde 2009, abraçou o projeto *A Música Venceu*, administrado pelos professores Anderson e Augusto, que ensinam teoria musical.

Tanto lá quanto na Escola Friedrich von Voith, no Parque Nações Unidas, Zona Oeste de São Paulo, que mantém o projeto *Musicalização*, Jean falou sobre sua vida e da profissionalização como cantor, além da importância da capacidade da expressão corporal na música. Ele também explicou como deveria ser formada uma plateia que goste de música clássica, acompanhou os alunos e quem sabe, futuros músicos, ao piano. Ambos os projetos contam com apoio de empresas, como a Voith, que têm ajudado a mudar a realidade social onde elas se encontram. Em Suzano, a escola musical passou de uma das três piores do Estado de São Paulo, em 2007, para uma das três melhores, passados apenas dois anos, de acordo com um ranking organizado anualmente pelo Índice de Desenvolvimento de Educação Básica (IDEB).

"Eu sou o exemplo vivo de que o investimento em educação, em cultura e ter oportunidades são as chaves para transformar a sociedade. A arte precisa ser cada vez mais democratizada e nos empoderar a frequentar qualquer tipo de ambiente", disse Jean nos dois encontros. Ele também pontua que sua família biológica ainda tem vergonha de assisti-lo em locais mais refinados, e que ele procura combater isso.

Tudo parecia ir bem por fora, mas internamente, as experiências intensas e diferentes num curto espaço de tempo passaram a mexer com Jean. Dentro do carro, um turbilhão de ideias e sentimentos o angustiava. Ele não entendia como o príncipe de Mônaco poderia oferecer um jantar de gala e seu pai não lhe fazer sequer um telefonema.

Esse era apenas o início de um dos períodos mais duros da vida dele.

8
O HINO, O ÓDIO E OS MEDOS

A minha alucinação é suportar o dia a dia/
E meu delírio é a experiência com coisas reais.

ANTONIO CARLOS BELCHIOR

A anormalidade virou normalidade. Esta é a questão.

IGNÁCIO DE LOIOLA BRANDÃO

Jean William fica desconfortável sempre que perguntam o que sentiu ao não ter seu nome artístico anunciado corretamente antes de ele cantar o Hino Nacional do Brasil, no evento que comemorava os 30 anos da Constituição Federal, aprovada em 5 de outubro de 1988. É uma pergunta que lhe causa ansiedade, pois remete a um momento muito desagradável.

Ele conta que recebeu o convite do setor de protocolo do Senado e que já havia se apresentado na casa com a Bachiana, em 2011, e pelo projeto Jovem Senador, em 2012. No início, o evento marcado para o dia 6 de novembro de 2018, no plenário Ulysses Guimarães, seria algo simples e de verba reduzida. Jean William viajou até Brasília tranquilo com o combinado, mas ao ser recebido pela produção no aeroporto, foi informado de que a situação havia mudado e que a sessão solene teria muitas figuras da política nacional, em especial, a do futuro presidente do Brasil, Jair Messias Bolsonaro, eleito pelo Partido Social Liberal (PSL) no 2º turno realizado na semana anterior. "Viraram para mim e disseram: Talvez seja o maior evento político deste final do ano, pois é a primeira vez que um ex-deputado federal é eleito democraticamente a chefe da nação e volta para sua casa política".

Na hora, pensou que seu nome e o do deputado federal Jean Willys (ex-PSOL) seriam confundidos e seria mais um constrangimento daqueles. O tenor de Barrinha, que não fugia de um debate virtual via Facebook e sempre foi engajado em causas de igualdade social e combatente do racismo, vinha sentindo há tempos o ódio despejado via mídias sociais digitais, com ataques de baixo calão. Eles começaram a se intensificar em 2015, quando assumiu oficialmente o relacionamento com Felipe Mancz e recebeu muitas críticas. "Isso foi me corroendo. Vomitavam muitas coisas nas mídias sociais e recebia mensagens do tipo: Que desperdício. Menino da igreja, canta bem, tão bonitinho". Como ele estava cada vez mais conhecido e em exposição frequente, passou a não só receber insultos virtuais contra ele, mas como se fosse o ex-deputado federal, que renunciou ao segundo mandato e foi viver na Espanha por não se sentir seguro no Brasil.

"Comecei a sofrer muito bullying e ver a crueldade das pessoas por detrás das telas. Passei não só a sofrer minha dor, mas a do outro. E a dele era muito pior. As pessoas achavam que ele era eu. Recebi todo tipo de mensagem agressiva do tipo: eu vou te matar, vou enfiar um cabo de vassoura em você, vou matar sua mãe e te torturar. Eu lia essas coisas e ficava estarrecido em ver o quanto o ser humano é um bicho sem escrúpulos". De todos os episódios, um o deixou sem palavras. Uma pessoa enviara uma mensagem agressiva, pensando que se dirigia a Jean Willys, e logo em seguida, curtiu e elogiou um vídeo dele cantando. E isso na mesma página.

Pois seu temor em relação aos nomes se concretizou no dia seguinte, quando foi passar o som e um funcionário do protocolo perguntou se ele se incomodaria em ser anunciado como Jean Silva, e não William, no cerimonial.

– Sim, me incomodo. Este não é meu nome artístico.

A conversa prosseguiu com a explicação do funcionário cauteloso, que tentava explicar que o novo presidente tem um problema com o ex-deputado de nome parecido e por conta do momento político que ele descreveu como de "nervos à flor da pele", o Senado e a Câmara dos Deputados, que organizavam em conjunto o evento, não gostariam que Bolsonaro pensasse que a escolha de Jean William fosse uma afronta contra ele. O tenor respirou fundo e pensou consigo: "A que ponto chegamos? Depois, expliquei ao funcionário que meu nome de batismo e registro é Jean William Silva e uso o segundo sobrenome como artístico, não o terceiro. Pedi então que me anunciassem pelo nome inteiro. Nas outras duas vezes que me apresentei lá, não houve esse problema".

A vontade era de ir embora da Capital Federal e dar uma desculpa de que estava rouco para não se apresentar. Mas, apesar do dia estressante, foi descansar para cumprir o compromisso assumido na manhã do dia seguinte. A casa estava repleta de autoridades, como o então presidente da República, Michel Temer (MDB), o da Câmara, Rodrigo Maia (DEM) e do Senado, Renan Calheiros (MDB), além de ministros do Superior Tribunal Federal (STF), senadores e deputados federais, como Eduardo Bolsonaro (PSL), que vestia um terno de cor azul, muito parecido com o que artista vestia. Ao se posicionar para cantar, ouviu sair da boca de Calheiros:

– Vamos ouvir o Hino Nacional na voz do tenor Jean Silva.

Na hora, pensou: "Será que ele leu meu nome inteiro e decidiu omitir o William? Subi no púlpito e por um instante me perguntei: digo que meu nome é Jean William, com o Brasil inteiro me assistindo? Isso foi em uma fração de segundo e com a abertura do hino rolando. Pensei de novo: Não, não vou falar isso. Estou aqui para celebrar os 30 anos da Constituição, que é um marco democrático para nosso país. O direito e cidadania. Aquele momento histórico era muito mais importante do que o circo da política. Era inclusive o momento de celebrar o fato de um homem preto, que pôde receber instrução formal, cantar um dos símbolos máximos de uma nação", recorda.

Só que a imprensa percebeu a troca de sobrenome e não perdoou. Assim que desceu do palco, Jean William foi perguntado por um assessor de imprensa que trabalha para o Senado o que havia acontecido. Ele não respondeu e a vontade era de sumir de lá e assim o fez com o término do evento. Como já estava com a mala guardada na chapelaria, a retirou e foi direto para o aeroporto. Mas não deu nem tempo de embarcar e toca o celular com um número conhecido de DDD 011. Era Mônica Bergamo, que primeiramente o cumprimentou pelo feito, para na sequência questionar a razão de não o terem anunciado pelo nome artístico.

A primeira coisa que o artista respondeu era que não sabia o porquê, não querendo contar a história completa. Mônica não se deu por convencida com a explicação e ligou para o protocolo do Senado para questionar a decisão. Do outro lado da linha, ouviu uma resposta ensaiada e protocolar, de que os convidados pela casa são sempre anunciados pelo primeiro e o último nome. A jornalista retrucou perguntando se, caso o Roberto Carlos fosse lá, ele seria anunciado como Roberto Braga, o último sobrenome dele. Silêncio e após alguns segundos, a voz responde que houve uma confusão e que o nome de Jean foi anunciado erroneamente.

Para Jean, o episódio foi um melindre desnecessário, pois ele acredita que Jair Bolsonaro, com quem não chegou a conversar naquele dia, não teria se importado com o anúncio do nome correto do artista. "Ele estava anestesiado pela vitória e o Jean Willys nem estava na sessão. Vou te dizer uma coisa e com caráter sociológico. O homem preto foi alforriado no Brasil há mais de 130 anos, mas até hoje, é possível vermos resquícios da escravidão por aqui. Nós, brasileiros, não importa a cor e etnia, temos complexos do homem que é poderoso, sendo que nós o colocamos lá. O evento era algo maior, na casa do povo, de celebração, e não de individualidades. A minha vida vai seguir e vou continuar me chamando Jean William e tenho muito orgulho disso. Eu não tenho lado político e não gosto de falar de política. Acredito que as pessoas precisam se empoderar mais e não só como um discurso, mas na prática".

No mesmo dia, recebeu uma mensagem de Jean Wyllys via mídias sociais o cumprimentando e compadecido com o que o constrangimento que ele fora obrigado a passar. A presidente do Partido dos Trabalhadores (PT), a senadora Gleisi Hoffman, fez um post no Twitter, seguindo a mesma linha.

66

O episódio vivido em Brasília foi o primeiro que evidenciou, para Jean William, de que ele desenvolvia um quadro depressivo. Ele não entendia e não aceitava os argumentos de que possuía uma vida ótima e de conquistas. Andava cada dia mais triste, irritadiço e começou a enxergar que o mundo de deslumbramento construído à sua volta não era tão real quanto pensava. "Eu cresci me moldando às situações e como o menino prodígio criado pelos avós. Depois, apareceu uma mulher que era minha fada madrinha, me convenci de que minha única preocupação era cantar e passei a deixar pessoas e coisas importantes de lado".

Também aponta como motivos que o levaram ao desenvolvimento da depressão a ausência do pai, com quem teve contato pela última vez em 2005, quando Valdecir o procurou para dar um recado à Madalena, dizendo que se casaria novamente e precisaria consumar o divórcio pelas vias legais. Eles se separaram fisicamente no início dos anos 1990, mas seguiam casados no religioso e no civil. Segundo Jean, ele se sentia como um estorvo para a juventude de seu progenitor, que queria aproveitar a vida e que ter filhos atrapalhava. "Minha mãe tem outro peso nesse processo. Ela ficou bastante tempo sem comungar por ser divorciada. Dizem que o depressivo é um sujeito que vive no passado e o ansioso é um sujeito que vive no futuro. Minha depressão tem a ver com o passado".

Mais um ponto se juntou aos problemas familiares: o mundo de glamour e bajulação no qual Jean estava mergulhado até a cabeça se mostrou oco e superficial, além de não ser o lugar seguro que imaginara. "Comecei a enxergar preconceito, homofobia. Eu era um duende, um ser élfico, da magia, que vivia num conto das melodias e preso na bolha da arte. Percebi que precisava sair dela após a realização do 2 *Atos*. Vi que em algumas situações, as vaidades humanas ficam acima dos projetos coletivos".

Junto com os problemas particulares, que incluíram algumas desilusões amorosas, a escalada da polarização política no Brasil também passou a afetá-lo seriamente. O fervor político entre os defensores da direita e da esquerda radical tomou conta das ruas do país. A polarização foi a causa do cancelamento do evento de fim de ano no Bar do Abacaxi, em Barrinha. Rodrigo Martins lembra que houve um estresse grande com um dos integrantes da banda, que apoiou a candidatura de Bolsonaro, o que causou um mal-estar com os outros músicos, que concluíram não haver clima para fazer show aquele ano. No ano seguinte, o guitarrista foi assistir uma apresentação de Jean no Theatro Pedro II, em Ribeirão Preto, sugeriu que eles retomassem o evento, com a Banda Tessa como apoio, e disse que o que os fazia felizes na véspera de Natal não deveria acabar por conta de divergências ideológicas.

No fim de 2018, Jean William chegou ao ápice da depressão. Ele morava sozinho, uma raridade até o momento, pois sempre gostou de dividir o apartamento com um ou mais amigos. As manhãs eram uma tortura. Acordava com os pés tremendo e ansioso. Pensava em todos os problemas, e internamente, procurava tranquilizar-se de uma maneira estranha: "Ah, mas se eu não conseguir resolver, me mato". Apesar de ter se repreendido na primeira vez que esse pensamento invadiu sua cabeça, começou a perceber que a agonia interior virara um hábito. Queria fugir de algo que não entendia, queria tirar a própria vida. Só saía de casa para cantar e não tinha vontade de fazer nada. As postagens nas mídias sociais eram cada vez mais agressivas e constantes. Considerou ir ao templo Pedra da Lua e buscar por ajuda espiritual mas, sempre que tinha essa vontade, logo perdia o interesse.

O ápice da tristeza o atingiu após o que era para ter sido um dia normal de treino na academia. Após uma série de supino, abaixou a barra e começou a chorar. O professor queria saber o que estava acontecendo e sem respostas, o mandou para casa. Disse que estava desequilibrado. Voltou para o prédio de oito andares em que morava, no bairro Pinheiros, foi até o último andar e passou a olhar para baixo. O instinto dizia para pular. Jean ensaiou fazê-lo, ao pôr as pernas para o lado de fora do parapeito. Naquele momento, tinha certeza de que pularia ou morreria eletrocutado ao se enroscar em algum fio de eletricidade.

Não havia porteiro no prédio e o cenário estava propício para um suicídio. Antes que ele tentasse qualquer coisa, ouviu uma voz ao fundo gritar: "Seu Jean!". Era Lucilene, funcionária que cuidava da limpeza do prédio. Se aproximou dele, com o olhar desconfiado, e perguntou se estava tudo bem. Ele disse que sim, mas ela respondeu: "Então por que está sentado aí na beirada do prédio e com as pernas para fora?".

"Nessa hora, voltei a mim e saí do terraço. No outro dia, a imobiliária me ligou para perguntar se estava tudo bem, porque a Lucilene contou que tinha me visto sentado no parapeito do prédio. Eles ainda me disseram não saber quais minhas intenções com aquilo, mas o que eu havia feito era uma coisa perigosa e responsabilidade deles. Nunca senti tanta vergonha na minha vida", relembra Jean. Só que a vontade de se matar não dava sinais de que iria abandá-lo tão fácil. Por cinco meses, o cantor conviveu com demônios internos, e em algumas situações, considerou jogar o carro na frente de um caminhão enquanto dirigia a caminho da próxima apresentação. Alguma coisa, no último minuto, o impedia. Em uma dessas tentativas abortadas, parou o veículo no acostamento e começou a chorar. Estava a caminho de Londrina, no Paraná.

RECOMEÇAR

Jean William decidiu passar a virada do ano de 2018 para 2019 com alguns amigos no Rio de Janeiro. A cabeça estava um trevo e na noite do Réveillon, teve um surto psicótico, passando a agir de maneira agressiva e descontrolada. Bebeu muito, algo que ele não costuma fazer, e mergulhou de roupa no mar. Mesmo o achando estranho, ninguém o confrontou, agiram como se tudo estivesse normal. O grupo voltaria para São Paulo no dia 2 de janeiro, mas no dia primeiro, o tenor acordou decidido a ir embora. Foi até a Rodoviária Novo Rio, comprou uma passagem e encarou 6h de estrada com muita chuva sem almoçar. Trancou-se no apartamento e chorava sem parar. Não queria comer. Só quebrou o autoisolamento no dia 3, pois se apresentaria em um evento corporativo na Riviera de São Lourenço e o profissionalismo falou mais alto, mesmo com o espírito contrariado.

O primeiro mês do ano também mexeu na casa em que vivia. Jean não via mais necessidade em ter tanta coisa e decidiu vender ou doar quase tudo o que havia conquistado em quase dez anos de carreira. A mobília do apartamento começou a sumir e até o piano da sala foi embora, assim como a maioria das roupas. O desapego acelerado chamou a atenção do amigo Sulliman Gato Scriboni que, por morar no mesmo bairro, costumava visitá-lo com frequência. "Estava tudo bem vazio e ali percebi que algo não estava bem com ele", conta o arquiteto, que conheceu o tenor em uma apresentação beneficente, em 2017, na cidade de Jaboticabal. Ficaram amigos e por terem se separado dos ex-companheiros na mesma época, viraram confidentes. Sulliman foi a primeira pessoa que ouviu sobre a depressão e os problemas que afligiam Jean William.

Havia também a insatisfação com o lugar em que morava. Jean não queria mais viver sozinho e o preço do aluguel sofreria um aumento grande com o qual ele não concordava. Conversando com o amigo, Sulliman sugeriu que ele se mudasse para o apartamento dele. Em 17 de fevereiro, o tenor entregou as chaves do imóvel e foi morar com o arquiteto. No espaço novo, percebeu que abriu mão de sua mobília e teve outra crise de ansiedade. "Comecei a me coçar inteiro e tive que comprar tudo de novo. Ali, vi que eu precisava muito de ajuda".

Apesar da depressão latente, Jean ainda demorou a se convencer de que precisava de tratamento e começou a mentir para o amigo, dizendo que estava indo ao psiquiatra. Tampouco contou nada da situação para os familiares em Barrinha e Sertãozinho. Apesar da resistência em aceitar que estava doente, recebia um recado todos os dias da companheira invisível: Acabe com a sua vida. "Passei meses dentro de uma tortura inexplicável e só comecei a melhorar quando descobri a Constelação Familiar. Me encontrei ali, obtive muitas respostas e recuperei a confiança. O mais impressionante era que as pessoas que simulavam ser minha avó, meu pai e a dona Julia agiam igual a eles, mesmo que eu não tenha contado nada sobre a personalidade e detalhes de cada um para o grupo". Sulliman também passou a frequentar as sessões. Ambos foram apresentados às ideias de Bert Hellinger por uma amiga em comum, chamada Andreia Aidar.

Os desejos suicidas ainda o atormentavam, mas eram cada vez menos frequentes. "Se eu disser que estou curado da depressão é uma mentira", diz Jean William, que no Carnaval de 2019, durante o tratamento, tomou um porre em uma festa e embriagado, não percebeu quando uma pessoa se aproximou dele e colocou um pouco de cetamina em seu nariz. O anestésico, que é usado para tratar bois e cavalos e se tornou uma droga muito utilizada em festas eletrônicas, deixou o artista inconsciente ao entrar no que chamam de "buraco", que é quando a viagem do *Key*, nome popular da substância, se torna mais intensa. Um amigo o levou para casa e no dia seguinte, não lembrava como tinha ido parar na cama.

Chegar ao fundo do poço e o medo de morrer tão jovem fez com que Jean mudasse muitos hábitos de vida. O cantor passou a ter uma alimentação mais saudável além de evitar o consumo de álcool e a fazer acompanhamento psicológico.

BARRINHA IN CONCERT

João Carlos Martins queria fazer uma homenagem pelos dez anos de carreira de Jean William. E como o maestro não gosta de pouca coisa, decidiu levar a Orquestra Bachiana Filarmônica SESI-SP para se apresentar em Barrinha. 36 dos 65 músicos do grupo passaram a ensaiar para *O Cinema in Concert*, projeto que revisita algumas das trilhas mais famosas da história da telona. Escolheram também o local na cidade do interior no qual montariam o show itinerante que, no segundo semestre de 2019, foi apresentado em São Paulo e Porto Alegre. Trocariam o auditório do anfiteatro pela área externa em frente ao espaço batizado com o nome do cidadão mais ilustre de Barrinha.

No dia 25 de julho, às 20h30, o palco montado especialmente para a apresentação se encheu de vida e de música. O público, de 1.000 pessoas, aguardava ansioso para ouvir Jean, o maestro e a Bachiana interpretarem canções eternizadas em filmes como *E o Vento Levou* (1936), *Luzes da Ribalta* (1952), *O Poderoso Chefão* (1972), *Cine Paradiso* (1990) e *Perfume de Mulher* (1993). Na plateia, Joaquim e Iracy aplaudiam o neto, bem como a família quase completa.

14 dias após a homenagem, Jean estava novamente no palco, mas desta vez, para lançar o show *Grandes Temas*, que vinha sendo elaborado desde março por ele, o diretor Guilherme Leme e a AT Consultoria Cultural, empresa responsável pela viabilização do projeto via Lei Rouanet. Era 8 de agosto, o Teatro Procópio Ferreira e seus 636 assentos estavam ocupados por uma plateia que acompanharia uma noite de música de primeira qualidade. Entre os ouvintes, notáveis como a atriz Vera Holtz aguardavam a cortina subir.

Guilherme Leme Garcia conta alguns detalhes dos bastidores. O ator, famoso por novelas globais nas décadas de 1980 e 1980, como *Vamp* (1991) é diretor teatral e recebeu o convite para trabalhar com Jean William por meio da produtora cultural Alessandra Trindade. "Não o conhecia antes de a Alessandra nos apresentar. Ela queria uma roupagem diferente e um ator de teatro para dirigi-lo no palco. Como o *Grandes Temas* foi viabilizado por meio de leis de incentivo fiscal, precisamos montar um repertório que incluísse música clássica, que constava no projeto apresentado e aprovado", recorda.

Guilherme se encarregou do cenário e de encontrar uma luz que conversasse com o show. Convidou o músico Lourenço Rebetez para assinar a direção musical do espetáculo e para ajudar na mescla de gêneros, algo que agrada Jean. "Provoquei bastante o Jean a cantar músicas clássicas com outra pegada, tipo João Gilberto. Não tão empostado, e sim, em uma coisa mais para dentro". Os figurinos, classificados por ele como "um erudito pop", ficaram a cargo de João Pimenta.

Lourenço conversou bastante com os dois colegas de trabalho para definir o repertório do lançamento do projeto. A primeira sugestão foi que eles fugissem dos autores italianos, para que Jean assumisse uma cara nova no palco. O diretor musical também ajudou a escolher canções que conversassem com as tradições afro-brasileiras e escreveu arranjos para uma formação mista de cordas, sopros e piano, que acompanhariam o cantor-tenor e a convidada da primeira apresentação, Fabiana Cozza. Os dois se conheceram em 2012, na Itália, apresentados pelo maestro Martinho Lutero. A cantora brasileira, famosa intérprete de sambas, pôde mergulhar em outras frentes musicais e se identificou de cara com Jean. "Ele é dono de uma voz poderosa, um timbre belíssimo, é um talento. Espero que leve sua música aos palcos de todo o mundo e conquiste um lugar de destaque no cenário internacional da ópera".

Quem não esteve no Procópio Ferreira pôde assistir ao show pelo site Catraca Livre, que disponibilizou o conteúdo em sua página do Facebook. Lá, é possível ouvir a miscelânea de gêneros que tem norteado a carreira de Jean William, como árias (*Carmen* de Jorge Bizet), canções francesas, vozes, ritmos e tambores africanos, latinos e caipiras (Heitor Villa-Lobos, Mercedes Sosa, Clara Nunes e Renato Teixeira).

Guilherme e Jean se entenderam tão bem no palco que têm conversado sobre a criação de um novo projeto, uma *traviata*[14] *à brasileira*, passada dentro de uma comunidade. Alessandra também conta que ela e o artista avaliam novas parcerias, pensando em como levar aos palcos releituras do sertão. "Queremos misturar a raiz caipira, de onde que ele vem, com a entrada de elementos clássicos. Para mim, ele é uma riqueza musical e não pode se fechar em uma coisa só".

Em outubro, Jean William saiu do apartamento de Sulliman e alugou um quarto na casa de outro amigo, Fernando, na rua Frei Caneca, passando a viver com ele, um gato e um cachorro. As coisas foram entrando nos eixos e o ano de trabalho terminou com uma apresentação em evento privado, realizado em uma fazenda perto de Campina Grande, na Paraíba.

O BIS

A música é a régua do mundo.

JOÃO CARLOS MARTINS

1º de fevereiro de 2020. São Paulo está debaixo de muita água após o calor insuportável do dia anterior. João Carlos Martins daria seu depoimento para o livro às 9h45 da manhã, na sede da Fundação Bachiana, na Rua Álvaro de Carvalho, na Consolação. Não há sinal de vida no prédio, a não ser por dois moradores de rua que se abrigam lá na frente. Do outro lado da linha, o maestro explica que o ensaio tinha sido cancelado, pois uma parte da fundação estava alagada.

Ele pede, apesar do dia louco de compromissos, para entrevistá-lo em sua casa, às 18h do mesmo dia. "Temos 15 minutos para conversar". Apesar do desafio da chuva, de outras entrevistas já marcadas e de um almoço indesejado no Mc Donald's, é impossível fazer um livro sobre a vida e a música de Jean William sem ouvir as histórias que o maestro tem para contar. Os dois se relacionam e dividem o palco há 13 anos. Uma coincidência que os une é o fato de possuírem parentes próximos que sonhavam em ser músicos profissionais, mas não conseguiram.

Se na família Silva é o avô Joaquim, nos Martins o desejo era alimentado pelo patriarca, José. Pianista sonhador, sofreu um acidente de trabalho em uma gráfica, em Portugal. Uma prensa decepou parte de uma de suas mãos. Impossibilitado de tocar bem o instrumento, incentivou os filhos João, Ives Gandra, José Eduardo e José Paulo a levar a paixão adiante. A casa do português em São Paulo chegou a comportar sete pianos, sendo três de cauda inteira, como lembrou o maestro no programa Altas Horas edição do dia 28 de fevereiro de 2020.

Ao passar pela grande porta de cobre entalhado e por um quadro, pendurado no hall, que traz uma imagem de Bach com o olhar penetrante, me fiz um lembrete: João Carlos Martins gosta muito de falar sobre si e para arrancar uma entrevista que não seja sobre ele, é necessário ir preparado, vivido e com tudo na cabeça.

O maestro parece criança, pois recuperou o movimento de nove dos dez dedos. Voltou a tocar piano, graças a um par de luvas biônicas que ganhou de um fã, o designer industrial Ubiratã Bizarro Costa, em dezembro de 2019, após um concerto na cidade paulista de Sumaré. Está feliz com a repercussão de mais um retorno ao instrumento que ama. "A notícia saiu em 187 países e foi publicada até na Arábia Saudita", afirma o homem, que veste um conjunto da Nike e com um olhar doce, não poupa elogios nem memórias sobre seu pupilo. Os 15 minutos iniciais viram 40. O maestro tem 80 anos de vida e não viu pouca coisa. Quando ele decide falar, é melhor ouvir e não cronometrar.

"Jean é uma das pessoas mais privilegiadas e disciplinadas, artisticamente falando, que eu conheci na minha vida. Além de ter o dom de Deus, quando ele se propõe a cantar alguma coisa, trabalha aquele repertório de uma maneira que quando sobe em um palco, está totalmente preparado. Ele canta muito melhor do que inúmeros cantores que estão fazendo carreira no Brasil, mas vivemos em um país que é, de certa forma, preconceituoso.

Quando você vê um Charles Aznavour (1924-2018)[15] que pertence fora do campo da música clássica, fazer o sucesso que ele fez, e Jean não ser chamado para fazer óperas no Brasil, quando todos os elementos da orquestra dizem que ele é muito melhor do que os cantores que são chamados para atuar, não entendo. É sempre a mesma desculpa: ah, mas cantora tem 180 cm e não vai combinar.

Tenho uma opinião completamente diferente. Os grandes atores norte-americanos, como Al Pacino, Dustin Hoffmann, são baixos e muito talentosos. Jean é uma pessoa profundamente carismática no palco. Ele é uma espécie de *popstar* no Brasil e muitas pessoas, de nariz empinado, não entendem que o que ele está fazendo não é nada mais nada menos do que Pavarotti fez, de juntar cantores populares e democratizar a música clássica. É o melhor jeito de fazer isso.

Quando um músico clássico convida um sertanejo para cantar, eles falam para públicos diferentes e dialogam. Toda música é oriunda da clássica e cada gênero tem sua importância. Jean é muito competente em todos os gêneros que atua. Ele tem uma missão grande, pois pode ter o efeito multiplicador com pessoas que entram em depressão por não alcançarem a posição que merecem. Ele não desiste, vai em frente e tem ainda de 20 a 25 anos de voz com todo poder e deve ficar na história do país como a força da musicalidade do brasileiro no canto em todos seus aspectos.

Ele tem uma carreira atípica, pois faz todos os gêneros bem. Está certo em investir em uma carreira solo. Vou levá-lo para cantar no Carneggie Hall, em Nova Iorque, no próximo dia 18 de outubro deste ano[16]. É um menino de caráter e memória, pois em nenhum momento ele deixa de comentar a importância da Dona Julia na vida dele, que foi a Mônica Bergamo que permitiu nos conhecermos e ser grato pelo que eu fiz e faço por ele".

66

O outro maestro fundamental na carreira de Jean também andava cheio de planos. Martinho Lutero viajou de Milão para São Paulo, em março de 2020, para dar início às comemorações dos 50 anos de fundação do Coral Luther King, iniciado quando ele tinha 16 anos. Nos dias 13 e 14 do mesmo mês, o Auditório do Ibirapuera recebeu o grupo, que apresentaria o concerto *Do Erudito ao Popular. Do Popular ao Erudito.* Jean William foi um dos convidados das últimas duas regências que Lutero pôde fazer em vida. Em 17 de março, Martinho se queixou à esposa, Sira Milani, relatando dificuldade para respirar. Ela o levou para o hospital Leforte, no bairro da Liberdade. Foram nove longos dias de orações e desejos para que saísse dessa situação. Na Unidade de Terapia Intensiva (UTI) o músico ainda apresentou leve melhora, no dia 25 pela manhã. À noite, sofreu uma parada cardíaca e faleceu, aos 66 anos.

Martinho Lutero Galati de Oliveira foi uma das mais de 6.000.000 de vítimas que o novo coronavírus levou do mundo, entre 2020 e 2022, segundo dados da Universidade Johns Hopkins (EUA). A maestrina Naomi Munakata, que o substitui na regência do Coro Paulistano Mário de Andrade e estava à frente do Theatro Municipal, também calou sua batuta, aos 64 anos, padecendo do mesmo mal. O vírus se alastrou rapidamente pelos países entre o fim de 2019 e o começo de 2020. Em 11 de março, a Organização Mundial da Saúde (OMS) decretou estado de pandemia, definido a partir do momento em que uma doença se espalha, ao mesmo tempo, em mais de dois continentes.

Jean William, em quarentena, lamentou muito a partida do amigo e incentivador, além de agradecer por ele ter lhe aberto as portas da Europa quando o pupilo ainda era um tenor principiante. Em 31 de março, data em que seria a missa de 7º dia pela alma de Martinho, não foi possível realizar o evento presencialmente por conta das políticas de isolamento social adotadas, em menor ou maior escala, em quase todo o globo. O seu amado coral, que leva o nome do pastor e ativista político norte-americano Martin Luther King (1929-1968) decidiu homenageá-lo com uma série de exibições de concertos regidos por ele na página oficial do grupo no Facebook. O primeiro foi *Messa di Gloria* (Giacomo Puccini), gravado na igreja Imaculada Conceição, localizada na Avenida Brigadeiro Luís Antônio, em 2016, em São Paulo. O barítono italiano Davide Rocca e o tenor brasileiro cantaram ao lado do maestro nesse dia.

Em tempos de Covid-19, a indústria da música enfrentou dificuldades para se desenvolver, especialmente por ser obrigada a realizar eventos sem a presença de público, uma considerável fonte de renda e exposição. Na noite de 27 de março, Jean William e Fafá de Belém deveriam estar no palco do Teatro Prevent Senior, em São Paulo, para mais uma apresentação do *Grandes Temas*. A realização do evento foi impedida pelo decreto de quarentena, assinado pela prefeitura da cidade e do governo estadual. Uma das alternativas temporárias para que os artistas continuassem a produzir e fazer o que gostam foi a transmissão de *lives* via mídias sociais, em especial, pelo Instagram.

Jean William tem utilizado com frequência a plataforma para cantar e tocar com músicos convidados, além de interagir com seus fãs, como fez, em 31 de março, ao conceder uma entrevista virtual para o jornalista Ivo Madoglio. Ao longo de 2020 e 2021, ele participou de outras *lives* como a organizada pelo barítono Michel de Souza, que de 27 de maio a 13 de junho do ano passado, conversou com cantores líricos brasileiros de pele preta sobre suas vidas, desafios e carreiras.

Com a chegada da Páscoa de 2020, as religiões que comemoram a data também investiram em *lives* para levar os ensinamentos de Jesus aos fiéis, sem que eles precisassem sair de casa. A prefeitura de Milão e a administração da catedral da cidade italiana convidaram o tenor Andrea

Bocelli para se apresentar dentro do templo católico, inaugurado em 1386 e numa situação nova: Não havia público para assisti-lo, apenas o pianista que o acompanhou no concerto intitulado *Music for Hope* (Música pela Esperança) e uma equipe reduzida de apoio, responsável pela parte técnica de operação das câmeras e da transmissão das imagens para o mundo. A exibição do vídeo no canal dele no YouTube, com duração de 24 minutos e 57 segundos, foi vista por um público virtual de 16 milhões de pessoas, só em 12 de abril. No mesmo dia, Jean se apresentou dentro da Paróquia Assunção de Nossa Senhora, em São Paulo, a convite do padre Juarez de Castro, que abençoava os fiéis virtualmente a partir do templo vazio. Assim como Bocelli, o tenor do Brasil cantou *Panis Angelicus* da *Missa Solene*.

A última das cinco canções escolhidas por Andrea Bocelli para apresentação do *Music for Hope* teve o poder de transformar em imagens a agonia que o mundo vem sofrendo pela pandemia. Diante da praça da catedral milanesa deserta, cantou *Amazing Grace* (John Newton) enquanto a produção da *live* exibia as cidades de Paris, Londres e Nova Iorque esvaziadas, como em uma guerra.

Enquanto a pandemia se desenvolvia, a tecnologia ajudou as pessoas a se manterem de alguma forma, "próximas", Jean decidiu realizar um sonho antigo: morar na praia. Uma amiga italiana que possuí apartamento em Santos perguntou se ele não estaria interessado em comprar o imóvel, já que ela não tinha mais planos para o lugar. O tenor respondeu que, a princípio, gostaria de alugar e fazer um *test drive* de como seria morar perto do mar. Combinaram o aluguel de alguns meses, que viraram quase dois anos. A experiência praiana chegou ao fim em fevereiro de 2022, quando ele retornou a São Paulo por conta do aumento de trabalhos presenciais.

Na Baixada, Jean William lembrou com carinho que viver em uma cidade do litoral paulista também era o desejo de Martinho Lutero, algo não concretizado. Não deixa de ser uma homenagem, mesmo que simbólica, unir música e natureza para saudar o maestro. Além de seguir com as *lives*, apresentações com a Bachiana (online e no teatro, mas sem público) e as aulas virtuais, ele passou a ter aulas de surfe com Picuruta Salazar, considerado uma lenda da modalidade no Brasil, e se apaixonou pelo esporte.

Em outubro de 2020, tanto o tenor quanto a orquestra regida por João Carlos Martins retomam os shows presenciais com público em algumas cidades do Estado de São Paulo, entre elas a capital e São Carlos, onde encerram a temporada. Mesmo que em número reduzido e seguindo as recomendações determinadas pelo Plano São Paulo para o combate ao coronavírus, é uma esperança, mesmo com as novas ondas da doença se alastrando mundo afora, como as vindas em 2021 e 2022, que obrigaram outros recuos na reabertura do comércio e eventos.

Além da pandemia e da retomada lenta e gradual dos shows presenciais, 2021 trouxe ainda uma crise de apendicite, que obrigou Jean a retornar à Santa Casa de Sertãozinho para ser operado. Enquanto aguardava a cirurgia, sentiu-se sozinho, com medo de ser infectado pelo vírus e de pedir a companhia dos familiares, que também poderiam ser infectados. Chorava alto, mas ao ouvir de longe a voz do Doutor Pedro, aquele que o trouxe à vida, dizendo que tudo ficaria bem, se acalmou. O médico, mesmo sendo do grupo de risco, foi até o local auxiliar o filho afetivo e pródigo. Como na parábola bíblica, o pai vai ao encontro do filho que estava perdido, para acolhê-lo e, corajosamente, entregar-lhe amor.

No mesmo ano, Jean foi parar mais uma vez no hospital, mas agora devido uma forte sinusite que pegou após fazer uma apresentação no templo Solo Sagrado, em São Paulo. Era novembro, mas as temperaturas estavam baixas e o fato de o local ser aberto acabaram prejudicando o sistema respiratório do tenor, que comemorou o aniversário de 36 anos cantando ao lado de Luciana Venâncio e orquestra. Logo que o show às margens da Represa de Guarapiranga acabou, Jean pegou a estrada rumo ao interior, pois no dia 21, estaria ao lado de João Carlos Martins, às 16h, em Ribeirão Preto. Antes de chegar ao palco do Pedro II, o corpo pediu trégua e ele passou a madrugada no Hospital de Barrinha sob medicação.

Nenhum desses passageiros males físicos pôde se comparar ao trauma que Jean William enfrentou em 27 de janeiro de 2022, uma quinta-feira. Ainda morando no litoral paulista, ele viajava entre Santos e Guarujá de balsa para aproveitar a praia. Um amigo o acompanhava no carro de modelo Jeep Renegade e tudo parecia normal. O artista admirava o mar enquanto a viagem de dez minutos seguia pelas águas que separam uma cidade da outra, até que uma arma apontada na direção do vidro do motorista quebrou a monotonia. Era um policial militar ordenando que ele descesse do veículo para uma averiguação. Eram 12h31 da tarde, a balsa estava cheia de carros e pessoas, sendo impossível que muitos não passassem a registrar a cena, além das câmeras de segurança da empresa DERSA.

O artista, usando óculos e uma camiseta branca, precisou sair de mãos para ao alto, teve os bolsos revistados e os documentos, que comprovaram ser ele o proprietário do veículo, checados. Entre a abordagem e a constatação de que não havia nada de errado foram sete minutos, uma eternidade na cabeça de Jean, que teve certeza do racismo e da discriminação que motivaram a abordagem: um homem preto em um carro de alto padrão, tornou-se, aos olhos da polícia, suspeito. "O policial, que estava acompanhado de outro fardado, me perguntou, aos gritos, se o automóvel era meu, se já tinha sido preso e se levava drogas. Em seguida, o interior do veículo foi revistado. Eles mal tocaram no carro. Abriram o porta-malas e só viram duas cadeiras de praia", relatou à coluna de Mônica Bergamo, a primeira a noticiar o ocorrido e questionar a Polícia Militar sobre o fato. A resposta veio três dias depois, por meio de nota:

> "A Polícia Militar esclarece que, após investigação, concluiu não ter havido qualquer ilegalidade na ação, tendo em vista que a placa do veículo ocupado pelo reclamante foi identificada pelo sistema de câmeras Detecta por provável envolvimento em ocorrência de furto a residência, na Zona Leste da capital, no dia 17 de janeiro. Foram analisadas imagens do veículo na balsa e também, de câmeras de rua no local do crime de furto, o que indicou provável utilização de carro clonado (dublê) na ação criminosa. Portanto, os policiais foram convocados pela central para abordar o veículo e, em nenhum momento, sabiam por quem era ocupado, afastando qualquer motivação de caráter racista. A instituição lamenta sinceramente pelos transtornos e está à disposição de Jean William para auxiliá-lo naquilo que for necessário. A PM ressalta, ainda, que as imagens foram encaminhadas à Polícia Civil para a competente investigação."

Imagens fornecidas pela Secretaria de Estado da Segurança Pública confirmam a existência de um carro clonado, mesmo modelo e placa do veículo pertencente a Jean William, utilizado durante um furto a uma residência na Zona Leste da cidade de São Paulo, no dia 17 de janeiro. Mesmo com a explicação e um pedido desculpas liderado pelo ouvidor da PM paulista, Elizeu Soares, um homem de pele preta, Jean ainda carrega as imagens de tensão e o peso de racismo estrutural enraízado na história brasileira há séculos e não dá sinais de enfraquecimento em muitos setores. "Nos primeiros minutos, fui tratado como um bandido. Não estou questionando o trabalho da polícia, mas a abordagem que eu sofri e o histórico [de outros casos semelhantes]. É uma humilhação. O fato de você ser quem é não é suficiente para ter um carro daquele padrão, por causa da cor da sua pele".

Na entrevista dada a Mônica Bergamo, Jean afirma que essa foi a segunda vez em que passou por uma abordagem policial sem saber o motivo. A primeira ocorreu na cidade de Sertãozinho (SP), anos atrás, quando estava acompanhado de sua madrinha e precisou descer de seu veículo para ser revistado. "Por que um indivíduo preto não pode dirigir um carro bom?". Outros veículos de imprensa de grande importância também o procuraram para que desse sua versão, como a Revista Veja, que na edição de 23 de fevereiro de 2022, trouxe um relato de duas páginas com um depoimento dado ao repórter Felipe Branco Cruz e intitulado "Racismo não é só ser chamado de macaco":

"Sou um homem negro brasileiro, e quem disser que não existe racismo no país não conhece o Brasil. Por isso, quando vi um policial apontando uma arma para mim, no fim de janeiro, foi assustador. Eu estava no banco do motorista do meu carro, um Jeep Renegade, com um amigo, para fazer a travessia da balsa entre Santos e Guarujá, quando eles nos mandaram descer com as mãos para cima. Perguntaram se o automóvel era meu, se eu estava carregando drogas e se já havia sido preso. Revistaram meus bolsos e o veículo. Quando finalmente se convenceram de que eu não era bandido, disseram que me abordaram porque eu poderia ter feito alguma "manobra brusca", e depois foram embora sem revelar o verdadeiro motivo daquilo tudo.

Não entendi nada. Ficamos com muito medo e envergonhados, com todo mundo nos observando. Decidi denunciar a ação e só fui descobrir a suposta razão da abordagem três dias depois, pela imprensa. O motivo teria sido a averiguação da placa do meu carro, que estaria clonada. Com essa justificativa, ainda que tardia – e que eu prefiro acreditar que seja verdadeira –, não posso afirmar que a ação da polícia foi motivada por discriminação, nem passaria pela minha cabeça fazer uma acusação sem provas. Mas é fato que o racismo no Brasil é estrutural. Li comentários de pessoas dizendo que eu tive sorte porque o policial não atirou, nem me agrediu fisicamente. Quer dizer: as pessoas ficam esperando que a gente sofra ainda mais para ser considerado racismo? Não estou acostumado a ter uma arma apontada para mim. Eu era um alvo ali. Senti muita angústia. Infelizmente, desde criança, eu sofri diversos episódios de racismo".

"

Junto com os problemas socioculturais e estruturais do Brasil, Jean William, assim como o resto do mundo, segue em compasso de espera pelo fim de uma pandemia que, há mais de dois anos, persiste. A música ajuda a renovar a esperança por dias melhores e seu poder viaja e resiste em mais um dos desafios da humanidade. Cura, anima e faz o homem ter fé para seguir em frente...

NOTAS

1. Charles-François Gounod (1818-1893) foi um compositor francês que dedicou boa parte de sua obra e vida a temas religiosos. Era também professor, maestro e pianista. Há uma versão alemã de *Ave Maria* e muito executada até os dias atuais. A obra, do compositor Franz Schubert (1797-1828), é uma das sete canções que ele produziu para o poema épico *A Virgem do Lago*, do poeta escocês Walter Scott (1771-1832).

2. A versão original da canção foi composta pelas irmãs estadunidenses Mildred Jane Hill (1859-1916) e Patty Smith Hill (1868-1946) e era chamada de *Good Morning to all* (bom dia a todos). No Brasil, a professora paulista Bertha Celeste Homem de Mello (1902-1999) foi a responsável pela versão brasileira, em 1942, e com o Parabéns a você, ganhou o concurso promovido pela Rádio Tupi. Dica da vovó Bertha: o jeito certo de cantar é com "a" e não "para" você.

3. Tenor italiano nascido em 1871 e falecido em 1921, em Nápoles (Itália). É considerado por muitos artistas e estudiosos o maior intérprete erudito de todos os tempos. Caruso também fez história ao levar grandes públicos a suas apresentações pelo mundo e também, ao ajudar a popularizar a música clássica para além dos círculos mais restritos ao qual ela pertencia.

4. Novela produzida e exibida pela Rede Globo de Televisão entre os anos de 1999 e 2000. O texto, assinado por Benedito Ruy Barbosa, narrava a saga da emigração italiana para o Brasil no século XIX. Para quem aprecia música italiana, a trilha de Terra Nostra é um prato cheio e repleta de referências, como a abertura *Tormento d'Amore* (Luiz Schiavon / A. Scarpellini / Marcelo Barbosa / Pedro Barezzi) e *O Sole Mio* (Eduardo de Capua).

5. Ópera composta pelo italiano Giuseppe Verdi (1813-1902) em 1842. Dividida em quatro atos (Jerusalém, O Blasfemo, A Profecia, O Ícone destruído), conta a história de Nabucodonosor, que reinou na Babilônia no século XII A.C. e foi acusado de promover um grande genocídio judeu em Jerusalém (Israel).

6. Canção considerada o Hino não oficial da Inglaterra. Composta em 1902, destaca a bravura das tropas inglesas para manter a pátria livre dos inimigos.

7. Primeira ópera da história da música composta exclusivamente para a televisão. Em 24 de dezembro de 1951, foi encenada no Rockfeller Center, em Nova Iorque, e transmitida em inglês, idioma original de The Night Visitor, pela rede NBC. Outras produções surgiram nos anos seguintes, como em 1957, na Austrália.

8. A Rainha da Neve foi um dos contos escritos pelo escritor dinamarquês Hans Christian Andersen (1805-1875) em 1944. Conta as aventuras de Kay e Gerda por um mundo de *trolls*, fantasia e a luta entre o bem e o mal, em um cenário de neve. Foi uma das inspirações, mais de 150 anos depois, que motivou a construção do enredo da franquia Frozen, da Disney.

9. Villa-Lobos compôs o Trenzinho do Caipira como uma das nove peças da obra Bachianas Brasileiras nº 2, em 1922, ano marcado pelo lançamento do Movimento Modernista e da valorização da cultura nacional por artistas como Oswald de Andrade (1890-1954), Mario de Andrade (1893-1945), Tarsila do Amaral (1886-1973) e Anita Malfatti (1889-1964).

10. Foi o quarto filho de Eduardo das Neves, o Nego Dudu (1874-1919), um dos primeiros artistas brasileiros a gravar um disco. Cândido, também conhecido por Índio, gostava de tocar violão e aprendeu violino por imposição do pai. Possui canções eternizadas nas vozes de contemporâneos como Vicente Celestino (1894-1968) e Orlando Silva (1915-1978), como *Noite cheia de estrelas*, *Entre lágrimas* e *Rasguei o seu Retrato*.

11. Termo importado do francês e que significa série e sucessão. É um tipo de composição musical utilizado desde a Idade Média e tem por objetivo juntar mais de duas peças ou de andamentos instrumentais (geralmente danças). A suíte foi muito utilizada na Europa no período barroco, entre os séculos XVI e XVII.

12. Além dos países citados ao longo do livro, Jean William também se apresentou no Paraguai, Argentina, Bélgica, Portugal, Suíça e Ucrânia.

13. Franz Josep Haydn (1732-1809) é um dos mais célebres compositores da música clássica na Áustria. Junto com Wolfang Amadeus Mozart (1756-1791) e Ludwig von Beethoven (1770-1827), formou o denominado *Classicismo Vienense*. Sua obra é marcada pela alta religiosidade cristã.

14. Em italiano, significa cortesã simpática, desafortunada e infeliz. Deu origem ao nome da ópera mais famosa de Giuseppe Verdi. *La Traviata* foi composta e estreou em 1853, no Teatro La Fenice, em Veneza. A história, dividida em quatro atos, foi inspirada no romance *A Dama das Camélias* (1848), de Alexandre Dumas (1824-1895).

15. Seu nome completo é Shahnour Vaghinagh Aznavourian. Nasceu e morreu na França, mas possui origem armênia. Ficou famoso por uma carreira de mais de seis décadas nos palcos e nos filmes (atuou em 60 produções). Compôs 850 canções em diferentes idiomas, como o inglês, o francês, o italiano e o alemão. É a voz e o cérebro por trás de sucessos mundiais como *She e Com'è triste Venezia*.

16. Em 25 de junho de 2020, João Carlos Martins comemorou 80 anos de vida e música. No mesmo ano, comemorou também os 60 anos da primeira vez em que se apresentou no Carnegie Hall, em 11 de março de 1960, quando tinha 20 anos e pôde tocar para uma plateia lotada de personalidades, como a ex-primeira-dama dos EUA, Eleanor Roosevelt (1884-1962), e o ex-prefeito de NY, Robert F. Wagner Jr. (1910-1991). Tanto o evento quanto a estreia de Jean William no tradicional palco nova-iorquino e mundial precisaram ser adiados devido à pandemia do novo coronavírus.

ANEXOS

CRONOLOGIA

1985 Nasce Jean William Silva, na Santa Casa de Misericórdia de Sertãozinho (SP), filho de Maria Madalena Silva e Valdecir Domiciano da Silva.

1990 Com cinco anos, aprende a cantar e tocar a primeira música da vida (*Parabéns a você*) com o avô Joaquim.

1993 Faz sua primeira apresentação pública, aos oito anos. Apresenta-se na Igreja da Matriz de Barrinha e canta *Então é Natal* no presépio vivo.

1998 a 2000 – Trabalha na Rádio Cidade, de Barrinha.

2000 Inicia o Ensino Médio na Escola Estadual Winston Churchill, em Sertãozinho. Conhece Julia e passa a conviver com a família Guidi Francisco dos Reis.

2004 a 2009 – Cursa Canto e Ópera na Universidade de São Paulo (USP), no campus de Ribeirão Preto, e é orientado pela professora Yuka de Almeida Prado.

2009 Apresenta-se no apartamento do maestro João Carlos Martins e passa a cantar como tenor titular na Filarmônica Bachiana Sesc-SP até o ano de 2012, quando decide iniciar a carreira solo.

2010 Conhece Ivo, filho de Vladmir Herzog, que o apresenta ao maestro Martinho Lutero (Coral Luther King e Canto Sospeso). Ganha uma bolsa de estudos e vive oito meses em Milão (Itália), onde tem aulas com a soprano Luciana Serra e o barítono Davide Rocca. Atua em suas duas primeiras óperas: *Amahl and the Night Visitors*, no papel do rei mago Baltazar e *La Regina dele Nevi*, no papel de Kay.

2011 Apresenta-se no Broward Center (Fort Lauderdale) e no Avery Fisher Hall, no Lincoln Center (Nova Iorque), interpretando peças compostas por Heitor Villa-Lobos. Passa alguns dias na cidade fazendo um curso de aprimoramento vocal na Juilliard School of Music.

2012 É eleito o patrono do Teatro Municipal de Barrinha, batizado Anfiteatro Municipal Jean William Silva, permanentemente aberto em 29 de junho de 2012.

2013 Apresenta-se nos dias da abertura e encerramento da XXVIII Jornada Mundial da Juventude, no Rio de Janeiro, e canta para o Papa Francisco o hino do evento *Jesus Christ You Are My Life* em dueto com Maira Jaber.

2014 Lança o primeiro CD da carreira, o *Dois Atos*, pela Dabliú Discos. O trabalho reúne grandes nomes da música nacional e internacional, como Nelson Ayres, Fafá de Belém, Monica Salmaso, Céu, Frederica Vitali, Coral Luther King, Filarmônica Bachiana Jovem SESI-SP e Coral Paulistano Mario de Andrade, entre outros. Recebe da Pirelli International Arts Foundation o prêmio "Talent at work" por influenciar pessoas e transformar a sociedade através da música. No fim do ano, vira solista do Theatro Municipal função que exerce até a metade de 2016.

2015 Estreia o show *Tonight* em comemoração aos dez anos do Tom Jazz. Faz uma homenagem a Laura Pausini no programa Altas Horas.

2016 Sai do Municipal e volta a se apresentar com frequência ao lado de João Carlos Martins e da orquestra Filarmônica Bachiana Jovem SESI-SP.

2017 Começa a dar aulas de canto presencial e online. Recebe, em 28 de abril, a medalha Thomaz Rodrigues Alckmin na categoria Arte. O prêmio, criado nesse ano pelo Estado de São Paulo e batizado com o nome do filho caçula do ex-governador Geraldo Alckmin, morto em um acidente de helicóptero em 2015, ainda premiou o ginasta Arthur Zanetti (Esporte), a paraatleta Carolina Balbino (Cidadania) e o estudante de Medicina João Guilherme Brunca (Ciência). Em 12 de setembro, recebe o título de cidadão sertanezino pela Câmara Municipal de Sertãozinho. A honraria foi proposta pela vereadora Maria Neli Mussa Tonielo.

2018 É escolhido para o papel de Paolino, um dos protagonistas da ópera italiana *O Matrimonio Secreto*, que fica em cartaz de 4 a 13 de maio no Theatro São Pedro, em São Paulo. Viaja para a Índia e para o Principado de Mônaco em turnê e apresenta-se para o Príncipe Albert II. Canta o Hino Nacional na sessão solene da Câmara e do Senado que comemorou os 30 anos da promulgação da Constituição Federal.

2019 Completa dez anos de formado e de carreira profissional. Recebe homenagem da Orquestra Bachiana em Barrinha e apresenta *O Cinema in Concert*, em frente ao anfiteatro que leva seu nome. Em outubro, estreia o show "Grandes Temas", com direção de Guilherme Leme e participação de Fabiana Cozza.

2020 Em 12 de março, a Organização Mundial de Saúde decreta estado de pandemia por conta do novo coronavírus. Devido à implementação das medidas de isolamento social, o setor da cultura é um dos mais afetados: ocorre o fechamento de teatros, cinemas e outros espaços. Os artistas passam a investir em *lives* e na interação digital com o público e seus apoiadores. Jean William também segue por este caminho, mas retoma os eventos presenciais nos períodos em que a pandemia dá sinais de recuo ou estabilidade.

2022 Em 27 de janeiro, sofre uma truculenta abordagem policial na balsa que faz a travessia entre Guarujá e Santos por suspeita de estar num carro roubado. É notícia em grandes veículos de imprensa e recebe da Polícia, três dias após o constrangimento, a informação de que a placa do carro havia sido clonada, e, portanto, utilizada por bandidos em um assalto em São Paulo. O cantor recebe desculpas públicas da corporação e da Ouvidoria.

ÓPERAS

2011

Ahmal and the Night Visitors, obra de Gian Carlo Menotti.

A Rainha da Neve, obra de Hans Christian Andersen e adaptada por Paolo Madron.

Apresentada em 30 de abril e 1º de maio no Teatro Comunale di Vicenza, em Vicenza (Itália).

Ficha técnica

Carlos Spierer	Diretor de orquestra
Franca Pretto e Gianni Gastaldon	Regentes
Paola dal Pra	Cenografia
Franca Pretto e Laura Ceroni	Figurinos
Sandro dal Pra	Iluminador
Cintia Zannon	Regência dos coros gioventù in cantata e giovani voci bassano

Elenco

Gerda	Margherita Tomasi	Soprano
Kay	**Jean William**	Tenor
A avó / A moça da Lapônia	Elisa Fortunati	Mezzosoprano
A senhora das flores / A esposa do corvo	Sara Bardini	Mezzosoprano
O corvo	Alberto Spadarotto	Barítono
A rena	Alessandro Colombo	Basso
A rainha da neve	Alfiya Galiakberova	Soprano
A voz do diabo	Carlo Properzi Curti	

2013

Bastien e Bastienne, * obra de Wolfang Amadeus Mozart

Ficha técnica

Rubens Russomano Ricciardi	Direção artística
José Maurício Cagno	Narração e direção cênica
Marco Barbosa e Tim Paschualick	Luz
Constantino Sarantopoulos e Joubert Oliveira	Adereços
Patrick Paula	Projeção de legendas

Elenco

Priscilla Cubero	Bastienne	Soprano
David Araujo	Bastien	Tenor
Carlos Gonzaga	Colas	Barítono

---

* Jean William fez uma participação especial nesta ópera.

2014

Blue Monday, obra de George Gershwin
Apresentada em 22 e 23 de agosto no
Theatro da Paz, em Belém (Brasil)

Ficha técnica

Glaucivan Gurgel	Diretor cênico
Lília Chaves e Maria Sylvia Nunes	Cenografia
Hélio Alvarez	Figurino
Rubens Almeida	Iluminação
André Ramos	Visagismo
Ana Unger e Aline Dias	Coreografia
Hélio Alvarez	Figurino

Elenco

Joe	**Jean William**
Vi	Marly Montoni
Tom	David Marcondes
Sam	Andrey Mira
Mike	Raimundo Mira
Prólogo	Tiago Costa
Sweetpea	Daniel Gonçalves
Carteiro	Carlos Vera Cruz

* Primeira ópera apresentada no Brasil em que Jean William foi solista.

2015

O Exilir do Amor, obra de Gaetano Donizetti
Encenada em 24 de agosto na Sala São Paulo, em São Paulo (Brasil)

Ficha técnica

Paulo Rogério Lopes	Texto e direção artística
Maestro Maurício Gallindo	Direção musical e regência
Ângela Dória	Direção geral e de produção
Bruna Veratti	Produção executiva e arregimentação
Natan Bádue	Arranjos e assistência de direção musical
Suzana Rebelov	Assistente de direção

Elenco

Nemorino	**Jean William**	Tenor
Adina	Roseane Soares	Soprano
Belcore	Johny França	Barítono
Dr. Dulcamara	Pedro Ometto	Barítono
Tatiana Castello		
Maestro Maurício Gallindo		
Sinfonieta TUCCA Fortíssima		

2016

Quadra da Rigoletto, obra de Giuseppe Verdi
Encenada em 4 de setembro na Ópera di Padova, em Pádua (Itália)

Ficha técnica

Nicola Simoni	Direção artística
Stefano Vizioli	Regente
Alessandra Pugliesi	Preparação vocal

Elenco (formado por músicos de dez países)

Sopranos	Simona Calà Campana	Itália
	Elisabeth Margraf	
	Giulia Pattaro	
	Livia Rado	
	Magdalena Feiner	Polônia
	Maria Baggio Thomaz	Brasil
Mezzosopranos	Eva Burco	Itália
	Debora Almeida	Brasil
	Jeonghee Jo	Coréia do Sul
Tenores	Paolo Lo Biundo	Itália
	Jean William	Brasil
	Rodrigo Trosino	México
Barítonos	Luca Brajnik	Eslovênia
	Federico Cavarzan	Itália
	Clorindo Manzato	Itália
Pianista	Jetro Rodrigues da Silvia	Brasil
Assistentes da regência	Max Leonardo Segali	Noruega
	Yulia Shtern	Canadá
	Brad Carlton Sisk	Estados Unidos
	Flavia de Strasser	Itália
	Giuseppe Amato	Itália

2018

O Matrimônio Secreto, obra de Domenico Cimarosa
Encenada de 4 a 18 de maio no Theatro
São Pedro, em São Paulo (Brasil)

Ficha técnica

Valentina Peleggi	Direção musical
Caetano Vilela	Encenação e iluminação
Fause Haten	Figurinos
Duda Arruk	Cenografia
Edu VonGomes	Caracterização

Elenco

Paolino	**Jean William**
Carolina	Caroline de Comi
Geronimo	Pepes do Valle Geronimo
Fidalma	Ana Lúcia Benedetti
Conde Robinson	Michel de Souza
Elisetta	Joyce Martins

SHOWS

Jean William em Concerto Brasil (2013-2014)*

Ficha técnica

Fred Rossi	Organização
Edgar Poças	Direção e produção musical
Ney Marques	Direção musical e arranjos
Nelson Ayres	Regência
Zezito Marques da Costa	Diretor de comunicação

Bandolim Elétrico (banda de apoio)

Ney Marques	Bandolim
José Antonio Almeida	Piano
Luiz Rabello	Percussão
Cassio Poletto	Violino
Bosco Fonseca	Baixo
Beto Abbatepaulo	Violão e vocal

* Alguns shows tiveram a participação de músicos da orquestra Bachiana e outros de convidados de Jean William.

Tonight
(2015-2016)*

Ficha técnica

Jean William	Vocal
José Antonio Almeida	Piano
Bosco Fonseca	Contrabaixo
Pedro Santos	Bateria
Lucas Sartório	Trompete
Carol Duarte e Pedro Gobeth	Violino
Thais Duarte	Violoncelo
Igor Borges	Viola
Rafael Felipe	Oboé
Tottybone	Trombone

* Algumas cantoras dividiram o palco do Tonight com o Jean Willliam, entre elas: Luciana Mello, Adriana Clis e Cláudia Noemi.

Grandes Temas (2019-2022)*

Ficha técnica

Jean William	Vocal
Alessandra Trindade (AT Consultoria Cultural) Silvia Rezende (S Rezende Produções Artísticas)	Direção de produção
Claudia Odorisso e Luiz Ricci	Produção
Guilherme Leme Garcia	Direção artística e cenário
Lourenço Rebetez	Direção musical e arranjos
João Pimenta	Figurino
Anna Turra	Iluminação
Ananda Fukuda e Carol Duarte	Violino
Thais Duarte	Violoncelo
Guilherme Bonfim	Viola e sanfona
Victor Gabriel	Piano
Zafe Costa	Sopro
Júlio Nogueira	Contrabaixo
Kabê Pinheiro	Percussão

* Algumas cantoras dividiram o palco do Grandes Temas com o Jean William, entre elas: Fabiana Cozza, Luiza Possi e Fafá de Belém.

Grandes Clássicos (2021-2022)*

Ficha técnica

Jean William	Vocal
Sandra Mimoto (Ampliart Difusão Cultural)	Produção executiva
Rafael Altro	Direção musical e violão
Carol Duarte	Violino
Lucas Farias	Violino
Guilherme Bonfim	Violino
Igor Borges	Viola
Nathália Sudário	Violoncelo
Adrian Borges	Cravo/piano

Mi Tierra (2022)**

Ficha técnica

Jean William	Vocal e tambor
Sandra Mimoto (Ampliart Difusão Cultural)	Produção executiva
José Antonio Almeida	Direção musical, teclado e arranjos
Sandro Haick	Violão e charango
Samuel Pompeo	Saxofones soprano, alto e flauta
Toni Giannini	Baixo
Rogério Alves	Percussão

* O show, que mescla elementos clássicos e populares da música, estreou em 30 de novembro de 2021, em São Paulo, e já foi apresentado em Uberaba (MG), Sertãozinho e Santos.

** O show, que mescla músicas latinas e africanas, estreou em 09 de abril de 2022, na Bolsa do Café, em Santos (SP).

PROGRAMAS DE TV

TV Globo

Antena Paulista	2010
Mais Você	2009 e 2017
Altas Horas	2009 e 2015
Encontro com Fátima Bernardes	2017
Programa do Jô	2013

SBT

Programa Hebe	2009
Teleton	2019

Record e Record News

Programa Talentos RN	2015
Domingo Espetacular	2019

TV Bandeirantes

Jornal da Band	2009
Programa Silvia Popovic	2009

Rede TV!

Programa Amaury Jr.	2017
Programa Mariana Godoy Entrevista	2019

TV Cultura

Programa Metrópolis	2014

TV Gazeta

Todo Seu	Entre 2013 e 2018*
Programa Mulheres	2018

Rede Vida

Prazer em conhecê-lo	2016

TV Aparecida

Santa Receita	2016

CNT

Leão Lobo Entrevista	2013

---

* Jean esteve no programa quatro vezes, entre 2013 e 2018

AGRADECIMENTOS

Agradeço a todas as pessoas que abriram suas casas, pela generosidade que envolveu mensagens, memórias e documentos que ajudaram a enriquecer a pesquisa e a produção deste livro: Alessandra Trindade, Caetano Vilela, Carolina Camargo Duarte, Carmen Valio, Cláudia Rolim, Cristina Angelotti Modé Angelotti, Cláudia Rolim, Davide Rocca, Edgar Poças, Fábia Tolvo, Fabiana Cozza. Felipe Mancz, Fred Rossi, Guilherme Leme, Guilherme Bonfim, Gilberto Dimenstein, Iracy Silvano da Silva, Ivo Herzog, Joaquim Apolinário da Silva, Janice Margaret Prowse Crawliey, Jean William Silva, José Antonio Almeida, Lourenço Rebetez, Maria Emilia Marcari, Márcia Pagani, Michel de Souza, Ney Marques, João Carlos Martins, Julia Guidi Francisco dos Reis, Maria Madalena da Silva, Maria Aparecida Pegrucci, Maristella e Mônica Bergamo, Paulo Skaf, Paula Bonara, Paulo Cesar Azeviche, Pedro Thomé Francisco dos Reis, Rodrigo Martins, Ronnie Von, Rubens Russomano Ricciardi, Sandra Mimoto, Sulliman Gato Scriboni, Vando Mantovani, Thais Camargo Duarte, Tatiana Bória Librelato, Thaís Conte Renzetti, Thiago de Freitas, Yuka de Almeida Prado.

Obrigado às instituições que forneceram dados sobre a vida de Jean William. Eles foram importantes para deixar o texto com as informações corretas e verificadas. São elas a Santa Casa de Misericórdia de Sertãozinho, o Departamento de Música da Faculdade de Filosofia, Ciências e Letras de Ribeirão Preto da Universidade de São Paulo (FFCLRP-USP), a Fundação Bachiana, os Theatros Municipais de São Paulo e do Rio de Janeiro e Acervo Centro Pró-Memória Hans Nobiling (Esporte Clube Pinheiros).

Um muito obrigado especial devo à Cláudia Rolim, por compartilhar os arquivos das matérias e visitas a programas de TV que Jean fez entre 2013 e 2015, e à Dona Julia, que virou uma coautora informal do livro, ao compartilhar generosamente as memórias e documentos que guarda da vida do artista desde os anos 2000, quando se conheceram oficialmente e começaram uma relação como mãe e filho afetivo.

E claro, não poderia deixar de agradecer a meu editor, Gustavo Abreu, e a toda equipe da Editora Letramento. Sem o trabalho de cada um de vocês, este livro não teria virado realidade.

ÁRVORE
GENEALÓGICA

Avós maternos

Joaquim Apolinário da Silva

Iracy Silvano da Silva

Avós paternos

Antonio Domiciano

Benedicta Domiciano

Pais biológicos

Maria Madalena Silva

Valdecir Domiciano da Silva

Pais afetivos

Julia Guidi Francisco dos Reis

Pedro Thomé Francisco dos Reis

Irmãos biológicos

Gisele Carolina Silva*

Bruno Henrique Silva Selles**

Bianca Aparecida Silva Selles***

Irmãos afetivos

Pedro Thomé Filho

Fernando Guidi Francisco dos Reis

Mariana Guidi Francisco dos Reis

Eduardo Guidi Francisco dos Reis

---

* Parte de pai e mãe.

** Parte de mãe.

*** Parte de mãe.

REFERÊNCIAS

LIVROS

CARVALHO, Ricardo. *Maestro: uma biografia. A volta por cima de João Carlos Martins e outras histórias...* São Paulo: Gutenberg, 2015.

CASTRO, Ruy. *Carmen: Uma biografia.* São Paulo: Companhia das Letras, 2005.

FERNANDES, Vagner. *Clara Nunes: Guerreira da utopia.* São Paulo: Ediouro, 2007.

MEDEIROS, Jotabê. *Raul Seixas: Não diga que a canção está perdida.* São Paulo: Todavia, 2019.

—————. *Apenas um rapaz latino-americano.* São Paulo: Todavia, 2017.

PEREIRA, Arley. *Inezita Barroso: A história de uma brasileira.* São Paulo: 34, 2013.

SUKUKI JR, Matinas (Org). *O livro das vidas: Obituários do New York Times.* São Paulo: Companhia das Letras, 2008.

REVISTAS

Revista da Folha. Ano 17, nº 891, 8 de novembro de 2009. Pags.10 a 16.

SITES E ENTREVISTAS ONLINE

BUREAU MUNDO. 4ª noite de gala do Brasil Mônaco Project é realizada no Principado de Mônaco. Disponível: https://bureaumundo.com/gvanoticias/4a-noite-de-gala-do-brasil-monaco-project-e-realizada-no-principado-de-monaco/.

CARAS. João Carlos Martins faz homenagem a Dona Canô em Santo Amaro. Disponível em: https://caras.uol.com.br/arquivo/joao-carlos-martins-homenagem-dona-cano-santo-amaro-festa-nossa-senhora-purificacao.phtml.

DOMINGO ESPETACULAR. Tenor brasileiro vence preconceito e se destaca no mundo da ópera. Disponível em: https://www.youtube.com/watch?v=t_5ODQ-ykrk.

ESTADÃO. Um jovem tenor de olho no mundo. Disponível em: https://www.estadao.com.br/noticias/geral,um-jovem-tenor-de-olho-no-mundo,484545.

———. O Matrimônio Secreto mistura moda e arte pop. Disponível em: https://cultura.estadao.com.br/noticias/teatro-e-danca,o-matrimonio-secreto-mistura-moda-e-culturapop,70002296402?fbclid=IwAR1WjAyyoRj5M4SzcbWGar-5M6OHSMRZwtyssGkAxkFeQuOP8hxMrCj8irN8.

FOLHA ONLINE. João Carlos Martins volta ao piano após um ano graças a luva biônica. Disponível em: https://www1.folha.uol.com.br/cotidiano/2020/01/joao--carlos-martins-volta-ao-piano-apos-um-ano-gracas-a-luva-bionica.shtml?fbclid=IwAR0RJmrUFehFYrS700ISRKdjS8QQ30jIoGp7K5-bAMUXCOa9SOu-HOl62os.

———. Com apenas 23 anos, cantor é a nova promessa da música erudita. Disponível em: https://www1.folha.uol.com.br/fsp/cotidian/ff0811200922.htm.

———. Maestro Martinho Lutero do Coro Luther King morre aos 66 anos em São Paulo. Disponível em: https://www1.folha.uol.com.br/ilustrada/2020/03/maestro-martinho-lutero-do-coro-luther-king-morre-aos-66-anos-em-sao-paulo.shtml.

———. Quem é o maestro que saiu de Mogi das Cruzes para reger ópera na Europa. Disponível em: https://www1.folha.uol.com.br/ilustrada/2021/04/quem-e-o--maestro-que-saiu-de-mogi-das-cruzes-para-reger-orquestra-na-europa.shtml.

———. PM aponta arma para cantor negro em SP e pergunta aos gritos se carro que dirige é dele. Disponível em: https://www1.folha.uol.com.br/colunas/monicabergamo/2022/01/pm-aponta-arma-para-cantor-negro-em-sp-e-pergunta-aos--gritos-se-carro-que-dirige-e-dele.shtml.

———. PM diz que carro do cantor Jean William foi clonado e descarta abordagem racista. Disponível em: https://www1.folha.uol.com.br/colunas/monicabergamo/2022/01/pm-diz-que-carro-do-cantor-jean-william-foi-clonado-e-descarta-abordagem-racista.shtml.

G1. Movimento "Você e a Paz" reúne Jean William e Fafá de Belém em Amparo. Disponível em: http://g1.globo.com/sp/campinas-regiao/noticia/2016/07/movimento-voce-e-paz-reune-jean-william-e-fafa-de-belem-em-amparo.html.

———. Justiça determina prisão do prefeito de Barrinha por desobediência. Disponível em: http://g1.globo.com/Noticias/SaoPaulo/0,,MUL45081-5605,00-JUSTICA+DETERMINA+PRISAO+DE+PREFEITO+DE+BARRINHA+SP+POR+DESOBEDIENCIA.html.

———. Prefeitura decide de fazer obras em campo de Guaratiba onde seria a JMJ. Disponível em: http://g1.globo.com/rio-de-janeiro/noticia/2014/07/prefeitura--desiste-de-fazer-obras-em-campo-de-guaratiba-onde-seria-jmj.html.

———. Escola de Suzano supera problemas e se torna uma das melhores do Estado. Disponível em:
http://g1.globo.com/sp/mogi-das-cruzes-suzano/noticia/2015/02/escola-de-suzano--supera-problemas-e-se-torna-uma-das-melhores-do-estado.html.

———. Prefeito investigado por desvio de R$39 mil em mudas de plantas renuncia em Barrinha, SP. Disponível em: https://g1.globo.com/sp/ribeirao-preto-franca/noticia/2019/10/14/prefeito-investigado-por-desvio-de-r-39-mil-em-mudas-de--plantas-pede-renuncia-em-barrinha-sp.ghtml.

————. Em sete anos aumenta em 32% a população que se declara preta no Brasil. Disponível em: https://g1.globo.com/economia/noticia/2019/05/22/em-sete-a-nos-aumenta-em-32percent-a-populacao-que-se-declara-preta-no-brasil.ghtml.

GLOBOPLAY. Jean William faz uma homenagem a Laura Pausini. Disponível em: https://globoplay.globo.com/v/4641913/.

————. Maestro conta que o sonho do pai era ser pianista. Disponível em: https://gshow.globo.com/programas/altas-horas/episodio/2020/02/29/videos-do-episo-dio-de-altas-horas-de-sabado-29-de-fevereiro.ghtml.

JORNAL DA EPTV 1 EDIÇÃO. Tenor Jean William fala sobre a apresentação na Jornada Mundial da Juventude. Disponível em: https://globoplay.globo.com/v/2732015/.

RD1. Fafá de Belém relembra quando cantou para o papa João Paulo II e emociona fãs. Disponível em: https://rd1.com.br/fafa-de-belem-relembra-quando-cantou--para-papa-joao-paulo-ii-e-emociona-fas/.

REVISTA RAÇA. O negro na música lírica. Disponível em: https://revistaraca.com.br/o-negro-na-musica-lirica/.

R7. Estúdio favorito dos sertanejos pega fogo no centro de São Paulo. Disponível em: https://entretenimento.r7.com/musica/estudio-preferido-dos-sertanejos-pega-fogo-no-centro-de-sao-paulo-27122019.

SÃO PAULO. Prêmio Thomaz Rodrigues Alckmin tem primeira edição em São Paulo. Disponível em: https://www.saopaulo.sp.gov.br/spnoticias/premio-thomaz-rodrigues-alckmin-tem-primeira-edicao-em-sao-paulo/.

O GLOBO. Jean William, de 27 anos, canta para o Papa na Jornada Mundial da Juventude.

Disponível em: https://oglobo.globo.com/rio/tenor-jean-william-de-27-anos-canta--para-papa-na-jornada-mundial-da-juventude-9133332.

OPERA MUNDI. Batalha da Inglaterra foi o primeiro grande combate aéreo e resultou em derrota inédita da Alemanha. Disponível

em:https://operamundi.uol.com.br/samuel/38909/batalha-da-inglaterra-foi-o-primei-ro-grande-combate-aereo-e-resultou-em-derrota-inedita-da-alemanha.

ORQUESTRANDO BRASIL. João Carlos Martins e tenor Jean William fazem apresentação grátis em Barrinha. Disponível em: https://orquestrandobrasil.com.br/joao-car-los-martins-e-tenor-jean-william-fazem-apresentacao-gratuita-em-barrinha-sp/.

QUARTETO VICENZA. La Regina dele Nevi. Disponível em: https://www.youtube.com/watch?v=9i2mX8KulDE.

REVIDE. A grandeza de um menino. Disponível em:

https://www.revide.com.br/editorias/capa/grandeza-de-um-menino/.

THE GUARDIAN. Harry Prowse obtuary. Disponível em:

https://www.theguardian.com/uk/2010/oct/14/harry-prowse-obituary.

THE BATTLE OF BRITAIN LONDON MONUMENT. The airmen's history. Disponível em:

http://bbm.org.uk/airmen/Prowse.htm.

THEATRO MUNICIPAL. Coral Paulistano apresenta trechos de O Messias com ingressos a R$1. Disponível em: https://theatromunicipal.org.br/pt-br/noticia/coral-paulistano-apresenta-trechos-de-o-messias-com-ingressos-a-r-1/.

UOL. Jean William, o tenor que é insultado na web por nome lembrar o de Jean Wyllys.

Disponível em: https://entretenimento.uol.com.br/noticias/redacao/2019/08/06/jean-william-o-tenor-que-e-insultado-na-web-porque-nome-lembra-o-de-jean--wyllys.htm.

———. Estúdio que pegou fogo em SP já teve a presença de mais de 700 artistas. Disponível em: https://entretenimento.uol.com.br/noticias/redacao/2019/12/26/estudio-que-pegou-fogo-em-sp-somava-mais-de-400-mil-horas-de-gravacoes.htm.

———. Andrea Bocelli canta sozinho na Catedral de Milão. Disponível em: https://entretenimento.uol.com.br/noticias/ansa/2020/04/12/andrea-bocelli-canta-sozinho-na-catedral-de-milao.htm..

———. Em movimento inédito, orquestras e maestros debatem apagamento de negros. Disponível em: https://tab.uol.com.br/noticias/redacao/2020/08/26/em--movimento-inedito-orquestras-e-maestros-debatem-apagamento-de-negros.htm.

VEJA. "Racismo não é só ser chamado de macaco". Disponível em: https://veja.abril.com.br/cultura/racismo-nao-e-so-ser-chamado-de-macaco-diz-o-tenor-jean-william/

TESES

REVISTA FAPESP. Casa grande e senzala dos Matarazzo na Califórnia paulista. Disponível em: https://revistapesquisa.fapesp.br/2001/01/01/casa-grande-e-senzala-dos-matarazzo-na-california-paulista/.

FOTOS

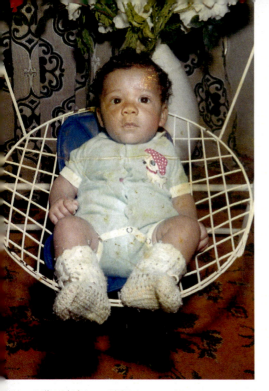

Jean William bebê, em 1985, ano em que nasceu.

Com a irmã, Gisele, no fim dos anos 1980.

Jean quando tinha cinco anos e aprendeu sua primeira música, o *parabéns a você*;
Atrás, o primeiro palco dele: a mangueira e a laje da edícula da casa dos avós.

Em encontro com o médium espírita Divaldo Pereira Franco, em 2005.

Jean em um dos muitos palcos diferentes em que já se apresentou: uma arena de rodeio. Em agosto de 2006, abriu a 10.º Festa de Peão de Barrinha.

Com o teclado adquirido após a festa dos Guidi.

Divulgação Prefeitura de Barrinha/Reprodução.

Na feira do livro de Barrinha, com a mãe afetiva Julia e a avó Iracy.

Com os avós maternos, Iracy e Joaquim, após o recital de formatura na cidade de Ribeirão Preto, em 2009.

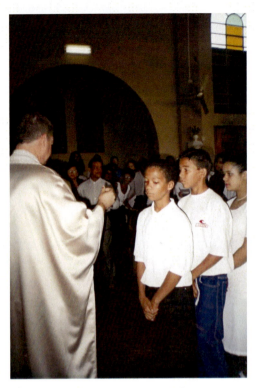

Primeira comunhão (1992)
na igreja de Barrinha.

Jean e a ex-modelo Gisele Bündchen
em evento em NY, em 2010.

Dabliu/Reprodução.

Cartaz do show *Tonight*,
criado em 2015.

Capa do *2 Atos*, trabalho que reuniu
a nata da música brasileira.

Jean e o maestro em apresentação, em 2013, na cidade de Angra dos Reis

Com o elenco completo de *O Matrimônio Secreto*, que teve uma versão pop e repaginada exibida no Teatro São Pedro, em São Paulo.

Contracapa do *2 Atos*, trabalho que reuniu a nata da música brasileira.

Cristina Modé, Jean William e Fábia Tolvo apresentam-se na Praça Matriz de Barrinha.

O palco da Salle de Garnier, na Ópera de Monte Carlo, pronta para o show (2018).

Em cena como Paolino na ópera *O Matrimônio Secreto*, em 2018.

Lançamento do show *Mi Tierra*, em abril de 2022, no centenário prédio da Bolsa do Café, em Santos.

Convite do show *Grandes Temas*, criado em 2019.

Jean e Fafá de Belém durante apresentação do *Grandes Temas* em Belo Horizonte (2020).

Prefeitura de Barrinha/Reprodução.

Parte da família biológica e afetiva de Jean reunida para homenageá-lo. À esquerda, o avô Joaquim, com Júlia e Pedro ao fundo. Ao centro, João Carlos Martins com o ex-prefeito de Barrinha e Katiá. Ao fundo, a tia Ivanil e, à frente, a mãe de Jean, Madalena. Também à frente estão a irmã Jean, Gisele, com a filha Lavinia.

Cartaz do concerto em homenagem aos dez anos de carreira de Jean.

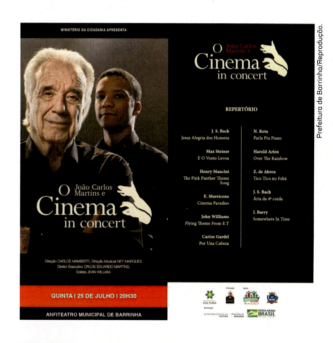

Prefeitura de Barrinha/Reprodução.

A estrelinha e o maestro dividem o palco mais uma vez. É assim desde 2009.

A alegria da retomada dos eventos presenciais.
Fernando Mucci/Reprodução.